Nei panni *di* Sherlock

STEWART ROSS

Nei panni di Sherlock

25 GIALLI PER
SFIDARE IL PIÚ FAMOSO
INVESTIGATORE DEL MONDO

EDIZIONI EL

Prima ristampa, agosto 2019

Traduzione di Lucia Feoli

Titolo originale: *Solve it Like Sherlock*
Pubblicato per la prima volta in lingua inglese nel 2018
da Michael O'Mara Books Limited, Londra

Illustrazioni alle pagg. 19, 43, 68, 86, 101, 113, 117, 120, 121, 134, 150, 177, 191 di Paul Collicutt

ISBN 978-88-477-3654-2

www.edizioniel.com

A mio fratello, il banditore d'aste televisive
Charlie Ross: grazie per avermi aiutato
con «Il mistero dei capolavori scomparsi».

Indice

Introduzione p. 9

Casi

1. Il mistero del barone Galtür 13
2. L'avventura dell'*Adelaide Star* 22
3. Il mistero del letterato pugnalato 31
4. La signora del Kent 39
5. Il caso della spilla smaltata 48
6. Il mistero del quarto trombone 55
7. Il mistero del poeta strangolato 60
8. L'avventura del piromane di Axelbury 73
9. Il mistero del cuculo marzolino 83
10. L'avventura del busto ateniese 91
11. Il mistero dei filatelisti scomparsi 98
12. Un caso di banane 108
13. Assassinio nella stanza 327 111
14. Il dito del truffatore 119
15. Il mistero dei capolavori scomparsi 123
16. Il caso dell'uovo portagioie 131

17. Il mistero del sergente precipitato 136
18. Il mistero dei tre impiegati brilli 145
19. L'avventura del vecchio Dodson 152
20. L'avventura del progettista disonesto 157
21. L'avventura del nipote eccentrico 166
22. Il caso della signora accigliata 172
23. Un caso di ignoranza 179
24. Il caso del segreto del chirurgo 186
25. L'avventura della banda di Archway 190

Soluzioni 194
Ringraziamenti 253

Introduzione

Il numero di casi affrontati da Sherlock Holmes è sconosciuto. Fra tutti e due, il dottor Watson e il celebre investigatore ne presentarono al pubblico cinquantasei in forma di racconto breve e altri quattro in romanzi di piú ampio respiro. Tuttavia, nell'«Avventura del ciclista solitario», il dottore accenna ai propri «appunti esaurienti» su «centinaia di indagini private» condotte da Holmes tra il 1894 e il 1901.

Immaginate dunque la sorpresa e la gioia che provai quando un benefattore sconosciuto lasciò davanti alla porta di casa mia un grosso plico di scritti originali di Watson, riguardanti molti dei casi mai descritti nei romanzi o nelle raccolte di racconti.

Che cosa dovevo farne? All'inizio, considerai l'ipotesi di lavorarci su per ricavarne una nuova raccolta di casi, riproducendo in modo piú fedele possibile lo stile dell'originale. Quest'idea non durò a lungo. Nutro una forte avversione per i *pastiches* letterari e ritengo che aggiungere qualcosa all'opera completa sarebbe stata una sorta di dissacrazione.

Avrei potuto far pubblicare gli appunti non revisionati, nella forma disordinata in cui li avevo trovati, ma il risultato sarebbe stato d'esclusivo interesse per gli studiosi e i fanatici di Holmes. La soluzione cui giunsi alla fine mi balenò alla mente mentre riflettevo su come il fascino senza tempo di Sherlock Holmes dipenda in gran parte dal piacere provato dai lettori nel seguire i suoi straordinari ragionamenti.

Il successo di Holmes era dovuto: 1) alle sue notevoli capacità di deduzione, fondate esclusivamente sul ragionamento; 2) alla formidabile banca dati memorizzata nel suo cervello. (Fatto interessante, mentre leggevo gli appunti mi sono trovato d'accordo con l'osservazione di Watson in *Uno studio in rosso*, ovvero che le conoscenze di Holmes presentavano delle sorprendenti lacune, come un'enciclopedia cui manchino alcune pagine.)

A parte questa piccola riserva, il filo conduttore dei venticinque casi inediti raccolti in questo libro è proprio la celeberrima abilità di Holmes nel risolvere i crimini attraverso il ragionamento e il sapere. Ogni storia si struttura in due fasi. Le narrazioni della prima parte del libro contengono le informazioni di cui Holmes si servì per svolgere le sue indagini. Gli appunti di Watson, per quanto esaurienti, mancano della ricchezza di dettagli variopinti (come per esempio le descrizioni dell'appartamento di Holmes in Baker Street) che il dottore utilizzava per trasformare dei semplici *casi* in veri e propri *racconti polizieschi*. In linea generale, ho resistito alla tentazione di ornare i fatti oggettivi con invenzioni di pura fantasia. Le parole riportate testualmente dagli appunti di Watson sono citate tra virgolette. Nelle altre parti del testo ho utilizzato un linguaggio contemporaneo, adattandolo dove necessario all'epoca e all'argomento trattato.

Vi invito, impiegando le tecniche rese celebri da Holmes, a individuare da soli le prove contenute in ogni racconto e a utilizzarle per risolvere il mistero. Quando pensate di esserci riusciti, andate in fondo al libro. Scoprirete come Holmes abbia interpretato correttamente i fatti per risolvere ventiquattro dei venticinque casi presentati.

Chissà, magari riuscirete a batterlo di un punto... Buona fortuna!

Stewart Ross

CASI

1

Il mistero del barone Galtür

Con il diffondersi della sua fama in tutto il mondo, Sherlock Holmes cominciò a ricevere un fiume di lettere da oltre una decina di Paesi. La gran parte veniva da individui che chiedevano il suo aiuto per risolvere degli arcani misteri. Tuttavia, l'origine della storia che Watson intitolò provvisoriamente «L'avventura del barone Galtür» fu diversa. Non dipendeva dal fallimento della polizia austriaca nel risolvere un crimine, ma dall'insistenza con cui il barone Galtür affermava che avevano arrestato l'uomo sbagliato.

Ad attirare l'attenzione di Holmes sul caso fu una lettera con il timbro postale di Interlaken arrivata in Baker Street il 25 febbraio 1887. – Interessante, – disse Holmes a Watson mentre prendeva in mano la busta e la esaminava. – Avrete notato dalle increspature della carta che questa busta è stata aperta con il vapore dopo essere stata spedita –. O conteneva questioni di rilevanza politica, continuò, oppure era stata scritta da qualcuno che si trovava in prigione.

Naturalmente, aveva ragione. La lettera era stata inviata da un nobile austriaco, Frederich Hoffbilt, barone Galtür, imprigionato nel carcere di sua maestà imperiale a Interlaken in attesa di essere processato per omicidio. Le annotazioni che Watson ricavò dalla sua lettera a Holmes, scritta in un inglese formale, antiquato e piuttosto ampolloso, sono facilmente riassumibili. Il barone era stato arrestato per l'assassinio di un giovane aristocratico, Egmont von Wasptakker. Ammetteva che le prove contro di lui, per quanto circostanziate, erano schiaccianti; tuttavia, insisteva nell'affermare «al piú stimato e onorevole degli investigatori» di essere, «per quanto al mondo c'era di piú sacro, innocente di questo crimine terribile».

La lettera si concludeva con la supplica che l'inglese, definito dal barone «la sua unica speranza», contattasse l'avvocato viennese che lo rappresentava: l'uomo, «un rispettabile servitore della giustizia», era stato incaricato di comunicare a Holmes tutti i particolari di un caso che aveva «spezzato il cuore a me e alla mia adorata figlia Elizabeth».

Dopo aver riflettuto sulla lettera per qualche istante, Holmes giunse a due conclusioni. Primo, il barone era quasi sicuramente innocente dell'omicidio di cui era accusato: se infatti fosse stato colpevole, non si sarebbe rivolto a un investigatore celebre per la sua infallibile capacità di scoprire la verità. Secondo, dato che Holmes non aveva il tempo per fare un viaggio in Austria, era ben felice di accettare l'insolita sfida di risolvere un caso per corrispondenza. All'affermazione di Watson che questo fosse impossibile,

Holmes lo invitò a puntare cinque ghinee sul contrario e i due suggellarono la scommessa con una stretta di mano.

Su richiesta di Holmes, l'avvocato viennese del barone gli inviò un dettagliato resoconto di quindici pagine sull'omicidio e le relative circostanze. In un breve paragrafo iniziale, il legale si impegnava a essere totalmente obiettivo affinché l'investigatore londinese potesse rendersi conto di quanto inoppugnabili apparissero le prove contro il suo cliente.

La famiglia del barone risiedeva nell'isolato villaggio austriaco di Galtür dai tempi dell'imperatore Carlo V. Là, erano proprietari di vaste terre e avevano la reputazione di essere padroni giusti, nonostante l'atteggiamento paternalistico. La moglie del barone era morta diciotto anni prima, subito dopo la nascita della loro unica figlia Elizabeth. Frederich Hoffbilt non si era risposato, ma aveva riversato il suo affetto sulla figlia che, sotto il suo sguardo vigile e amorevole, era cresciuta diventando una bellissima fanciulla.

Nell'estate dell'anno precedente, il 1886, due giovani fratelli di Vienna avevano preso in affitto uno dei capanni da caccia del barone come base per le loro escursioni in montagna. Anche se probabilmente a Holmes il loro nome non diceva nulla, l'avvocato spiegò che in Austria esso aveva un peso considerevole. George ed Egmont von Wasptakker, lontanamente imparentati con la dinastia regnante degli Asburgo, erano ricchi, privilegiati e abituati a ottenere ciò che volevano. In termini di prestigio e status sociale, torreggiavano sul nobile provinciale. L'avvocato confessava che questa disparità rendeva il suo incarico ancor piú difficoltoso.

Watson nota che, arrivato a questo punto, Holmes aveva mormorato qualcosa sulla Magna Charta e sul fatto che tutti gli uomini erano uguali davanti alla legge.

Prima della fine del loro soggiorno a Galtür, apparve evidente che George ed Egmont erano entrambi incantati dalle grazie di Elizabeth Hoffbilt. I due, infatti, trascorrevano molto piú tempo nel castello del barone che a scarpinare sulle colline. Nel corso dell'autunno, con grande disappunto di suo padre, Elizabeth ricevette diverse lettere da entrambi. I fratelli riapparvero nella zona poco prima di Natale, e quando il barone disse loro che i suoi capanni da caccia non erano piú disponibili, presero alloggio in una locanda a meno di quattrocento metri dal castello. Erano venuti, dissero, per dedicarsi allo sport degli sci, sempre piú in voga

a quei tempi. Come notava sarcasticamente l'avvocato, lo sport cui erano dediti in realtà era molto piú antico.

A questo punto, veniva presentato un breve profilo caratteriale dei due giovani corteggiatori. Il ventunenne George era giudizioso, dedito agli studi, virtuoso e profondamente religioso. Qui, la descrizione dell'avvocato assumeva tinte insolitamente poetiche: nelle sue parole, il giovane innamorato aveva «corteggiato la bella Elizabeth come un cavaliere medievale, giurando di combattere contro il piú feroce dei draghi per conquistare la mano della graziosa fanciulla cui era votato il suo cuore». George andava regolarmente a messa e stava considerando la carriera di professore universitario. Pur essendo piuttosto bello, con la carnagione scura e i lineamenti cesellati, dava l'impressione di essere troppo serio e privo di senso dell'umorismo.

Egmont, di due anni piú giovane, non avrebbe potuto essere piú diverso. Era affascinante, con luminosi occhi azzurri, capelli biondi e un volto vivace ed espressivo. L'avvocato lasciava intendere che a Vienna avesse frequentato un gruppo di facoltosi giovani ufficiali i cui unici interessi erano bere e correre dietro alle sottane. Si mormorava inoltre che in privato avesse giurato di portare all'altare ben tre fanciulle, ma che non avesse mai onorato la promessa. Dal primo istante in cui si erano conosciuti, il barone Galtür non aveva nascosto la propria antipatia per il giovane dissoluto. Sfortunatamente, questo non aveva fatto che rendere Egmont ancor piú incalzante nella sua corte a Elizabeth.

La situazione precipitò all'inizio di febbraio, quando il medico di famiglia venne meno al suo giuramento di segretezza e informò il barone che sua figlia era «in stato interessante». Interrogata, Elizabeth confessò che Egmont, che amava teneramente e desiderava sposare, era responsabile della sua condizione: dopo il suo ritorno a Galtür, i due si erano segretamente incontrati quasi ogni notte. Per farlo entrare nel castello all'insaputa di tutti, la ragazza gli aveva dato una chiave della porta di servizio.

All'udire la confessione della figlia, la rabbia si mescolò alla disperazione nel petto del nobiluomo. Il tempo era insolitamente mite per la stagione e, senza nemmeno fermarsi a indossare il cappotto, il barone uscí nella neve quasi sciolta e si precipitò alla locanda isolata dove alloggiavano i due fratelli. Il confronto tra il padre e l'amante è facilmente immaginabile: l'uomo piú anziano esortò Egmont a sposare immediatamente la figlia; il giovane rimase imperturbabile, affermando che non c'erano prove che il responsabile della gravidanza di Elizabeth fosse proprio lui (non poteva essere stato suo fratello George, che ancora piú di lui era innamorato della ragazza?) e aggiungendo che qualunque matrimonio avrebbe richiesto l'approvazione dei suoi genitori, i quali quasi certamente non avrebbero accettato nella loro famiglia «una provinciale di nessuna importanza, per quanto bella».

A quel punto, il barone perse ogni controllo di sé. Cominciò a inveire contro Egmont, definendolo un ragazzotto vile e senza cuore, e giurando di ucciderlo. La minaccia fu gridata abbastanza forte da essere chiaramente sentita da George,

che alloggiava nella stanza vicina, e da Jan Flugger, l'albergatore. Interrogati dalla polizia il giorno seguente, entrambi avevano fornito esattamente la stessa versione dell'accaduto.

Era già l'imbrunire quando il barone uscí come una furia dalla locanda. La temperatura si era notevolmente abbassata, trasformando l'acqua che gocciolava dai cornicioni in lucenti e appuntite stalattiti di ghiaccio e la neve in un tappeto di cristallo che scricchiolava sotto i piedi. Poco dopo che ebbe raggiunto il castello, iniziò una forte nevicata che durò fino a mezzanotte circa. Il freddo si fece ancora piú intenso, e per i cinque giorni successivi la temperatura rimase sotto lo zero.

Egmont aveva l'abitudine di farsi servire la colazione in camera non prima delle 11 di ogni mattina. Quando, verso le 11:15, Jan Flugger bussò con un vassoio di pane e frutta, non ottenne risposta. Siccome capitava spesso, posò il vassoio, aprí la porta, che non era chiusa a chiave, e sbirciò dentro.

La prima cosa che lo colpí fu la temperatura gelida nella stanza. La finestra era spalancata e presumibilmente il fuoco era spento da parecchie ore; perfino le ceneri erano ormai fredde. Flugger tossicchiò educatamente e si avvicinò al letto. L'ospite, che sembrava ancora addormentato, giaceva supino, con le braccia allargate sulle lenzuola. Solo quando aprí le tende, l'albergatore si accorse del sangue: Egmont von Wasptakker era morto, ucciso da una pugnalata alla carotide.

A Galtür c'era un solo poliziotto, un agente anziano e corpulento che non si era mai trovato di fronte a un omicidio. Ciononostante, ebbe la prontezza di spirito di ordinare che nessuno si avvicinasse alla locanda o al castello del barone, poiché aveva notato delle impronte nella neve fresca. Queste indicavano chiaramente che qualcuno aveva percorso quattro volte il tragitto tra i due luoghi; il vecchio poliziotto era sicuro che avrebbero destato l'interesse degli ispettori convocati da Interlaken. Come previsto, le impronte catturarono la loro attenzione, al pari di qualcos'altro che notarono nella sala d'onore del castello del barone Galtür.

C'erano due serie di impronte molto chiare. Le prime, come confermato dal confronto con gli stivali della vittima, appartenevano a Egmont e indicavano che il giovane aveva lasciato la locanda poco dopo la mezzanotte e si era recato a piedi all'ingresso di servizio del castello, per poi tornare indietro. La seconda serie di impronte apparteneva al barone, il quale era uscito dalla porta principale del castello e aveva camminato fino alla locanda, quindi era rientrato. Le impronte corrispondevano esattamente alle suole di un suo paio di scarpe.

In base a queste prove, gli ispettori di Interlaken dedussero che Egmont aveva fatto visita a Elizabeth dopo che la tormenta era cessata, e quindi era rientrato alla locanda. Il barone, indignato dall'insolente ostinazione del giovanotto nel continuare la relazione con la figlia, l'aveva seguito fino all'albergo e, dopo averlo ucciso, aveva fatto ritorno al castello. E l'arma del delitto? Un'attenta ispezione delle armi esposte sulle pareti della sala d'onore del barone rivelò che una delle baionette era stata recentemente pulita, mentre tutte le altre erano coperte di polvere.

L'unica prova a favore del barone, concludeva l'avvocato, era la testimonianza della povera Elizabeth la quale, fuori di sé dal dolore, aveva giurato che Egmont non era stato da lei quella notte. Gli ispettori non le avevano dato importanza, sostenendo che o la ragazza mentiva, oppure il barone aveva atteso Egmont vicino all'entrata di servizio, trascinandolo via prima che potesse incontrare l'innamorata.

– Per quanto possa sembrare strano, mio caro Watson, – disse Holmes dopo aver letto la lettera per tre volte, – credo che quella povera fanciulla abbia detto la verità.

Dopo aver ulteriormente riflettuto sulla vicenda, scrisse una lunga risposta all'avvocato del barone, suggerendo ciò che era davvero accaduto la notte dell'omicidio. Quattro settimane piú tardi, ricevette una lettera del barone in persona. Il nobile lo ringraziava «dal piú profondo del cuore» per aver fornito al suo legale la linea d'indagine che aveva portato al suo rilascio e alla scoperta del vero colpevole.

Cos'aveva scritto Holmes nella sua lettera all'avvocato?

2

L'AVVENTURA DELL'*ADELAIDE STAR*

Uno dei casi piú particolari in cui ci imbattemmo mentre passavamo in rassegna gli appunti di Watson ha come punto di partenza la triste scomparsa di un noto imprenditore australiano. Mentre viaggiava verso la Gran Bretagna a bordo dell'*Adelaide Star*, il signor Edward Thriepland era morto di attacco cardiaco quattro giorni dopo che la nave aveva lasciato Città del Capo. In ottemperanza ai desideri della signora Thriepland, che viaggiava insieme al marito cinquantatreenne, il corpo era stato sepolto in mare.

Nel normale corso delle cose, la faccenda si sarebbe conclusa qui. Ma non fu cosí.

Un'ora dopo che l'ultimo passeggero dell'*Adelaide Star* era sbarcato a Southampton, una signora australiana di mezza età era salita a bordo chiedendo di parlare con il capitano. Dov'era suo marito? domandò.

Suo marito? le fece eco Penprase, confuso. Quando la visitatrice reagí scoppiando in un pianto disperato e rabbioso, il capitano si rese conto che la persona di fronte a lui era la vera signora Thriepland. La donna molto piú giovane che aveva accompagnato suo marito nella traversata dall'Australia era una truffatrice, nel frattempo svanita nel nulla.

La vedova afflitta chiamò la polizia. Gli agenti le espressero la loro solidarietà ma dissero che, sebbene l'adulterio fosse un crimine dal punto di vista morale, non era contro la legge. Inoltre, la falsa signora Thriepland non aveva portato via i bagagli del signor Thriepland, i quali erano stati recapitati al suo indirizzo londinese. In ogni caso, avrebbero tenuto gli occhi aperti, visto che molto probabilmente la donna aveva viaggiato con un passaporto falso.

A rifletterci, la signora Thriepland non era troppo stupita dal comportamento del defunto consorte. Da quando si era trasferito in Inghilterra con lei, quindici anni prima, era stato spesso assente per affari e aveva fatto due viaggi in Australia da solo. Immaginava che avesse frequentato altre donne, ma finché finanziava il suo sontuoso stile di vita londinese e non creava scandali, non le importava troppo.

Cinque mesi dopo, la signora Thriepland ricevette una lettera. Recava il timbro postale di Melbourne ed era stata inviata dal signor Aldous Grang, il direttore della Colonial Gems, una delle imprese del signor Thriepland in Australia. Dopo le condoglianze di rito, Grang si informava dei diamanti che il signor Thriepland aveva portato con sé in Inghilterra. Supponeva che le pietre preziose, del valore stimato di centomila sterline, fossero state consegnate alla signora Thriepland insieme al resto degli effetti personali del marito, ma visto che Grang non ne aveva piú avuto notizia, le dispiaceva confermare per iscritto il loro arrivo?

Dopo aver letto la lettera di Grang, la signora Thriepland andò dritta da Sherlock Holmes. Watson ce la descrive come «robusta», «formidabile» e «molto, molto arrabbiata» con l'«astuta volpe» che aveva sedotto suo marito e si era spacciata per lei allo scopo di rubare i diamanti.

Holmes ascoltò la sua invettiva, ma non fece commenti. La signora era forse in possesso di qualche oggetto personale del defunto marito che avrebbe potuto essergli utile ai fini dell'indagine? chiese. Per tutta risposta, lei gli mostrò un telegramma che il signor Thriepland aveva inviato «alla truffatrice» il giorno in cui la coppia era salpata da Melbourne. Trovato da un'addetta alle pulizie sotto il letto nella cabina dei due e in seguito inoltrato alla vera signora Thriepland dalla compagnia di navigazione, dimostrava, disse, quanto suo marito fosse alla mercé di quell'imbrogliona. L'aveva perfino convinto a usare uno «svenevole e sdolcinato diminutivo». Fino ad allora, il signor Thriepland aveva sempre insistito per farsi chiamare «Edward», mai «Teddy».

Ecco il testo del telegramma:

MIA PICCOLA MASCALZONA STOP CHE
AVVENTURA STOP SARÒ CON TE A BORDO E
PER SEMPRE STOP PARLAMI CON I TUOI OCCHI
LUCENTI STOP LE NOSTRE FUTURE GEMME STOP
DA BRAVA MOGLIE AMOROSA IL RESTO LASCIALO
A ME STOP IL TUO DEVOTO TEDDY

Holmes lesse il telegramma con grande attenzione. Dopo aver preso appunti sul caso e aver concordato con la signora Thriepland un lauto onorario nel caso l'indagine fosse andata a buon fine, disse che avrebbe fatto del proprio meglio per recuperare le gemme di sua proprietà. Tuttavia, la avvertí che forse ci sarebbe voluto del tempo.

Gli appunti di Watson sono divisi in cinque capitoli. Il primo è intitolato semplicemente HATTON GARDEN. Indicava che Holmes aveva iniziato l'indagine chiedendo a un amico che lavorava nel quartiere dei gioiellieri di Londra se negli ultimi mesi c'erano stati traffici sospetti di diamanti. Dalla sua risposta, apprese che «un tizio dall'accento coloniale» si era informato su come vendere dei diamanti non incastonati.

Il secondo titolo era ORIENTAL & COLONIAL, il nome della compagnia di navigazione cui apparteneva la *Adelaide Star*. Holmes emerse dai loro uffici in Great Portland Street con due nomi che riteneva potessero essergli utili: quello del capitano Jago Penprase e quello del dottor Hogwin E. Palfrey. Il capitano dell'*Adelaide Star*, il quale lavorava per la compagnia da trent'anni, si trovava temporaneamente in licenza nella nativa Cornovaglia. Palfrey era il dottore che aveva assistito il signor Thriepland nelle ultime ore di vita. Non era un dipendente fisso della O&C, ma si era imbarcato in veste di sostituto quando il medico di bordo dell'*Adelaide Star* si era improvvisamente ammalato ed era stato costretto a restare a Melbourne.

CAPITANO PENPRASE era il terzo titolo. Holmes si recò in treno in Cornovaglia e incontrò il vecchio lupo di mare nella sua casa con vista sul porto di Newlyn. Il capitano era ancora contrariato dal fatto che la O&C avesse accettato a bordo una passeggera che viaggiava con passaporto falso, e si offrí di contribuire all'indagine in ogni modo possibile.

Sí, ricordava il telegramma indirizzato alla passeggera che viaggiava sotto il nome di «signora Thriepland». Ricordava anche che la sera in cui si era sentito male, il signor Thriepland e la presunta moglie avrebbero dovuto cenare con lui alla tavola del capitano. La donna gli aveva inviato un messaggio intorno alle 19 spiegando che purtroppo, visto che il marito si sentiva poco bene, nessuno dei due si sarebbe presentato a cena. Aveva fatto chiamare il medico di bordo intorno alle 22 e suo marito era morto pochi minuti dopo

la mezzanotte. Il capitano era stato informato immediatamente. Entrando nella cabina della coppia, aveva trovato la signora Thriepland che piangeva sommessamente su una poltrona. Un'assistente di bordo le aveva portato qualcosa da bere e faceva del suo meglio per consolarla.

Era presente anche il dottor Palfrey. Disse al capitano che si era recato dal signor Thriepland alle 22:05. Il paziente soffriva di un fortissimo mal di stomaco. Dopo avergli somministrato un'iniezione di morfina per alleviare il dolore, il medico era rientrato nella sua cabina. Poco prima di mezzanotte, era tornato a vedere come stesse il paziente e l'aveva trovato pallido e in preda a conati di vomito. Aveva riconosciuto i sintomi di un grave attacco cardiaco, ma non aveva potuto fare nulla. Il signor Thriepland era morto dopo pochi minuti.

Il regolamento di bordo stabiliva che il capitano confermasse il referto del medico. Quando Penprase aveva tastato il polso dell'uomo «mortalmente pallido», l'aveva trovato «freddo, asciutto e senza vita». C'erano tracce di vomito intorno alla bocca.

Il capitano era rimasto colpito dall'insistenza della signora Thriepland affinché il corpo del marito venisse sepolto in mare. Era, disse, «quello che avrebbe voluto lui». In piú, riteneva che un funerale rapido l'avrebbe aiutata ad accettare la sua perdita. Singhiozzando amaramente, disse che non poteva sopportare l'idea di viaggiare su una nave con il cadavere di suo marito «che marciva da qualche parte là sotto».

Nel corso di una conversazione con il capitano, qualche giorno dopo il funerale, il dottor Palfrey aveva confessato di essere rimasto particolarmente scosso dall'incidente. La responsabilità di essere l'unico sanitario a bordo era per lui troppo gravosa e aveva deciso di lasciare la O&C all'arrivo in Inghilterra e di dedicarsi alla pratica di medico di famiglia. Penprase non se n'era affatto stupito. Aveva trovato Palfrey «freddo e scostante», per nulla adatto alla vita conviviale di un transatlantico.

Watson riporta un'ultima informazione dal colloquio con Penprase. Quando la nave era attraccata a Southampton, la falsa signora Thriepland aveva rifiutato qualunque assistenza ed era sbarcata da sola, portando con sé soltanto una piccola valigetta. Non aveva lasciato nessun recapito.

NANCY DENNE, il quarto dei titoli di Watson, era l'assistente di bordo assegnata alla cabina dei Thriepland. Anche lei era rimasta sconvolta dalla morte del signor Thriepland, pur ammettendo di averlo trovato «un po' villano». Alla fine del viaggio, aveva lasciato la O&C per sposare il suo fidanzato storico, Herbert Denne, con cui ora gestiva una piccola tabaccheria a Portsmouth.

La versione degli eventi di Nancy Denne era sotto quasi tutti gli aspetti simile a quella del capitano Penprase. Aveva trovato «gentile, ma un po' nervosa» l'attraente rossa che viaggiava come signora Thriepland. Il dottore lo descrisse come «calmo e professionale», aggiungendo che era un «gran bel tipo». Quando era entrata nella cabina intorno alle 22 per vedere come stesse il signor Thriepland, l'uomo era disteso a letto, con la sedicente moglie che gli teneva la mano, seduta al suo fianco destro. L'ammalato aveva emesso un gemito e aveva mosso il braccio libero nella sua direzione. – Come se mi stesse chiamando, – disse Nancy.

La sua amante («perché adesso sappiamo che era questo il suo ruolo, giusto?») aveva detto che il marito stava delirando e le aveva chiesto di andare a chiamare il dottor Palfrey. Nancy aveva trovato il medico intento a mangiare amaretti (ricordava chiaramente l'odore di mandorle) e gli aveva chiesto di correre subito dal signor Thriepland. Lui aveva afferrato la borsa, che era pronta su un tavolo vicino alla porta, e l'aveva seguita verso la scala che portava alle cabine di prima classe.

Il quinto titolo di Watson era DOTTOR PALFREY. Dopo averlo rintracciato attraverso il registro dell'ordine generale dei medici, Holmes era partito per la cittadina dello Yorkshire dove il dottore esercitava la professione e aveva trovato il paese in lutto. La moglie del dottore, una giovane donna dai capelli rossi gravemente ammalata da un mese, era morta due giorni prima. Il funerale era fissato per l'indomani.

Holmes si recò senza indugio alla piú vicina stazione di polizia. Accompagnato da un agente, raggiunse la sede della Herbert Braithwaite & Sons, la locale impresa di pompe funebri. Quello stesso pomeriggio fu effettuata una perquisizione che culminò in un arresto.

Dopo dieci giorni, la polizia consegnò i diamanti scomparsi alla signora Thriepland, che a sua volta consegnò un sostanzioso assegno a Sherlock Holmes.

Come se l'era guadagnato?

3

Il mistero del letterato pugnalato

Gli appunti di Watson contengono dei titoli di grande effetto. Alcuni sono talmente intriganti che a volte capita che poi le storie vere e proprie siano una piccola delusione. Raramente queste storie sono state incluse nelle opere pubblicate.

Questo non è il caso del «Mistero del letterato pugnalato». Probabilmente, il dottore non ha pubblicato questa storia perché disponeva di insufficienti particolari sui personaggi e sull'ambientazione. A noi, il processo di deduzione interessa piú dell'introspezione psicologica e delle descrizioni dettagliate. Dalle poche annotazioni di Watson siamo riusciti a ricostruire quello che riteniamo un bel racconto. Il quale inoltre dimostra, al contrario di quanto sottolineato in «Un caso di ignoranza», che Holmes possedeva una cultura piú vasta di quanto suggerito da Watson in *Uno studio in rosso.*

Il problema è di semplice esposizione.

Il professor Algernon Thomas, universalmente riconosciuto

come il piú eminente studioso di Shakespeare della sua generazione, fu crudelmente assassinato nel suo appartamento presso il Gloucester College, a Oxford. La morte fu causata da un unico colpo inferto con uno strumento appuntito che gli trafisse l'occhio sinistro, penetrando nel cervello.

Il corpo venne scoperto alle 10:30 del mattino da uno studente che era venuto per una lezione sull'adattamento delle Cronache di Holinshed da parte di Shakespeare. Avendo trovato socchiusa la porta che dava sulla scalinata di pietra e supponendo che la mancanza di risposta al suo bussare fosse dovuta alla sordità, e non alla morte, il giovane l'aveva aperta e aveva sbirciato all'interno. Il corpo del professore giaceva supino, con le braccia lungo i fianchi. Un medico disse che si trovava lí da almeno dodici ore.

Tre sbavature rosse suggerivano che, dopo aver estratto l'arma del delitto dall'orbita, l'assassino avesse tentato di pulirla sulla camicia della vittima. Tra gli oggetti degni di nota nella stanza c'erano una bottiglia di porto vuota, una seconda bottiglia della stessa bevanda consumata a metà, due bicchieri di cristallo con residui di vino sul fondo e una copia dell'*Enrico VI* di Shakespeare, *Parte seconda*, aperta e strappata.

Non sappiamo a cosa fosse dovuto il coinvolgimento di Holmes nel caso, ma supponiamo che un ispettore inesperto del distretto dell'Oxfordshire, messo in soggezione dall'atmosfera sussiegosa del Gloucester College e dai suoi irascibili membri, avesse pregato il famoso investigatore londinese di dargli una mano. Holmes, sempre pronto a unirsi alla lotta contro la presunzione e il privilegio, acconsentí ad aiutarlo.

Arrivò a Oxford alle 10:53 del mattino e ripartí alle 18:47, dopo aver risolto il mistero.

Holmes restrinse quasi subito la lista dei sospetti a due persone. La prima, che il rettore del college avrebbe voluto veder «trascinata al rogo su un carretto», era Hélène La Chaise, una focosa ventunenne francese i cui genitori borghesi, disapprovando la sua relazione con un eminente politico parigino, avevano mandato a Oxford diciotto mesi prima «a perfezionare l'inglese». Ben presto, fu vista saltellare con grazia (e solo parzialmente travestita da studente maschio) su per la scala di pietra che portava all'appartamento del professor Thomas. Sei mesi dopo il suo arrivo, l'elegante francesina

dalle labbra rosse era largamente, seppur mai pubblicamente, riconosciuta come sua amante.

Era stata una relazione burrascosa, soprattutto quando Hélène aveva cominciato a chiedere denaro all'amante piú anziano come prova del suo affetto. La situazione si complicò ulteriormente quando, nel corso di uno dei suoi frequenti viaggi a Londra, la giovane si fidanzò in segreto con John Ruthwell, il secondo figlio del ricchissimo vescovo di Durham. Anche se Hélène riuscí a tenere nascosta la sua lucrosa *liaison* oxfordiana al fidanzato bacchettone, i colleghi ecclesiastici del professore gli fecero capire, seppur velatamente, che la francese gli stava mettendo le corna.

Il portinaio aveva visto Hélène, con indosso il solito stentato travestimento, salire nell'appartamento del professore intorno alle 18:30 la sera dell'omicidio. Nessuno l'aveva vista uscire. Lei ammise di aver litigato con Thomas, che aveva definito «piú un gretto *paysan* che un *professeur*», quindi era tornata nel suo appartamento vicino agli University Parks per prepararsi per un viaggio a Londra, il giorno seguente. In un cassetto della sua stanza, la polizia aveva trovato due acuminati ferri da calza. La giovane affermò di non nutrire alcun interesse per il lavoro a maglia, e che probabilmente i ferri erano stati lasciati lí dalla precedente inquilina.

Sebbene il fatto fosse avvenuto in luglio, quando gran parte delle stanze del college erano deserte, uno studente specializzando, rientrando intorno alle 22:30 da una serata conviviale all'Hertford College, ricordava di aver sentito la voce furiosa del professor Thomas uscire dalla finestra aperta del suo appartamento. Lí per lí non ci fece troppo caso, ma in seguito ricordò di aver sentito chiaramente il nome «Helen». Sentí anche le parole «debito» e «altroché». Durante un secondo interrogatorio, ammise che forse la parola «altroché» non c'entrava nulla con il «debito» di cui aveva sentito parlare.

Watson scrive che, seppure quelle sillabe sparse «non rivelassero granché», esse fornirono al suo amico «indizi importanti, per quanto ambigui».

Il secondo individuo sospettato da Holmes era un accademico americano in visita da Yale. Come il professor Thomas, il professor Tippington Wynberg III era uno studioso di Shakespeare; ma, a differenza del collega inglese, era convinto

che Christopher Marlowe, e non il Bardo di Stratford, fosse il vero autore dei drammi piú belli della lingua inglese.

La sua apparizione al college era stata preceduta dall'arrivo di tre grandi bauli zeppi di ogni sorta di cianfrusaglie, accademiche e meno accademiche. C'erano due busti di Marlowe, diversi manoscritti, centocinque volumi rilegati in pelle, una penna d'oca dorata che Wynberg portava sempre in tasca per scrivere sonetti neoelisabettiani «ogniqualvolta la musa lo ispirava», un ritratto a grandezza naturale della defunta moglie e una stampa della cattedrale di Canterbury vista dalla King's School, l'università di Marlowe.

La conferenza pubblica di Wynberg sulla reale paternità di Marlowe delle opere attribuite a Shakespeare, svoltasi di fronte a un augusto pubblico il 13 maggio, fu accolta con freddezza. L'americano aveva una reputazione di forte bevitore e si mormorava che si fosse attaccato alla bottiglia molto prima di salire sul podio. Il professor Thomas, il piú caustico critico della conferenza, promise di pubblicare presto un saggio che avrebbe «dimostrato oltre ogni dubbio che Wynberg era uno stolto e un impostore».

Da quel momento, i due non si scambiarono piú una parola civile. In quattro diverse occasioni, l'americano si era appostato nel cortiletto quadrangolare sotto l'appartamento dell'inglese e l'aveva sfidato a «scendere per vedersela tra uomini». Ogni volta, Thomas aveva aperto la finestra e versato acqua lurida e ingiurie ancor piú luride sulla testa del nemico.

La notte dell'assassinio, Wynberg disse di essere rimasto nel suo appartamento fino alle 23, quando era uscito in cortile per una boccata d'aria fresca. Non era stato visto vicino alla scala che portava nelle stanze del professor Thomas, ma il portinaio ricordava di averlo incrociato nel cortile intorno alle 23:15. Secondo le sue parole, l'americano «si comportava in modo molto strano». Con le mani intrecciate dietro la schiena e lo sguardo fisso sui propri piedi, Wynberg camminava intorno al cortile mormorando ripetutamente: «Spio un corno, spio un corno».

L'ispettore di Oxford disse a Holmes che le prove facevano supporre che la colpevole fosse Hélène La Chaise. Aveva commesso il fatto, disse, quando Thomas si era rifiutato di darle altro denaro (presumibilmente dicendo che non avrebbe piú onorato il suo «debito») e aveva minacciato di denunciarla al fidanzato puritano. Il professore era stato perfino sentito gridare il suo nome poco prima di morire.

Pur convenendo che questa era l'interpretazione piú ovvia, Holmes era convinto che si trattasse solo di una delle ipotesi possibili. A suo vedere, l'assassino avrebbe potuto essere altrettanto facilmente Tippington Wynberg III. La sua osservazione era basata su un'interpretazione alternativa delle parole riferite dallo specializzando e dal portinaio. Holmes ammetteva che la sua versione non poteva essere ancora dimostrata, ma la sua veridicità sarebbe stata confermata se un esame al microscopio di un oggetto contenuto nelle stanze dell'americano gli avesse fornito le prove che si aspettava.

Com'era prevedibile, l'interpretazione di Holmes delle misteriose parole del professore si dimostrò corretta. Dopo una minuziosa analisi di uno degli oggetti di proprietà di Wynberg, il professore fu arrestato con l'accusa di omicidio.

Come aveva interpretato Holmes le parole udite dallo studente e dal portinaio, e quale oggetto di Wynberg fece esaminare al microscopio?

4

La signora del Kent

Lunedí 12 gennaio 1891 fu una giornata fredda e burrascosa, in cui violenti acquazzoni si alternarono a brevi sprazzi di sole invernale. Nel tardo pomeriggio, durante una delle schiarite, Watson si recò al 221B di Baker Street, dove trovò il suo amico Sherlock Holmes d'umore insolitamente agitato. Camminava spazientito su e giú per la stanza, fermandosi di tanto in tanto a guardare fuori dalla finestra nella strada sottostante. Il dottore entrò proprio in uno di questi momenti e notò come la luce arancio-rossastra del tramonto conferisse ai lineamenti affilati dell'amico un aspetto quasi diabolico.

Pare che Holmes stesse aspettando l'arrivo di uno dei suoi Irregolari di Baker Street (ragazzini di strada capaci di intrufolarsi dappertutto, di cui lui si serviva per le indagini) che avrebbe dovuto portargli informazioni su un caso al quale stava lavorando in quel momento. Con suo grande fastidio, il ragazzino non si era fatto vivo. Watson non ci rivela il motivo, poiché la sua attenzione fu distratta dall'arrivo di una nuova e affascinante cliente.

– Ah, Watson! Abbiamo una visita, – annunciò l'investigatore durante una delle sue incursioni alla finestra. – Una carrozza si è fermata proprio sotto la mia finestra e una signora è scesa sul marciapiede. Adesso sta leggendo i numeri delle case. Mi aspetto che la signora Hudson la annunci da un momento all'altro.

Due minuti piú tardi, un'attraente bionda sui venticinque anni fu introdotta nella stanza e, su invito di Holmes, si accomodò su una poltrona di fronte a lui. Sembrava agitata e, non appena fu seduta, implorò il mio amico affinché la aiutasse a scongiurare un omicidio. All'udire ciò, l'investigatore si appoggiò allo schienale della poltrona, la fissò con il suo sguardo rapace e la pregò di spiegarsi meglio. Evidentemente, quella drammatica dichiarazione aveva risvegliato il suo interesse.

La donna, che si presentò come signora Elizabeth Flowers di Tunbridge Wells, Kent, indossava un elegante abito grigio scuro stretto in vita, con il colletto alto e balze di pizzo ai polsini. Per strada, i suoi costosi stivaletti si erano schizzati di fango e sulla punta della scarpa sinistra c'era una piccola macchia sbiadita, come se il cuoio si fosse bruciacchiato mentre si asciugava al fuoco. Oltre alla fede nuziale, il suo unico ornamento era un filo di magnifiche perle. Watson notò anche che la sua notevole bellezza era lievemente attenuata dalle occhiaie abnormemente scure. Queste furono spiegate quando la donna confessò che, in preda all'ansia, «non aveva quasi chiuso occhio» nelle ultime due settimane.

Suo marito, Edward Flowers, era un avvocato che divi-

deva il proprio tempo tra lo studio in campagna e l'attività di consulenza a Londra. I due erano sposati da cinque anni e non avevano figli. Anche se Edward lavorava ancora, la donna spiegò che non ne avrebbe avuto bisogno poiché recentemente aveva ereditato una considerevole somma di denaro. Proprio questa era la fonte della sua inquietudine.

All'inizio dell'anno precedente, il padre di Edward, Lambert Flowers, un ricco vedovo che aveva fatto fortuna in Sudafrica, era stato trovato morto nella sua casa di campagna, vicino alla cittadina di Tenterden, nel Kent. Non c'erano segni sul corpo, né nulla che potesse far sospettare altro che una morte naturale. Il signor Flowers era un tipo corpulento con un debole per il whisky scozzese, di cui fu ritrovato un bicchiere mezzo pieno sul tavolo vicino al quale l'uomo era caduto. Il forte consumo di alcolici, associato alla mancanza di esercizio fisico, indusse il medico locale a concludere che la morte era avvenuta per un attacco cardiaco. All'epoca, disse la signora Flowers, nemmeno lei aveva avuto motivo di dubitare della diagnosi.

Questa affermazione parve turbarla e si abbandonò a un accesso di penosi singhiozzi. Dopo un sorso di brandy dalla caraffa di Holmes, si riprese lentamente e, asciugatasi gli occhi con cura, riprese il suo racconto.

L'intera ingente fortuna di Lambert Flowers era passata al suo figlio maggiore, Wincott, il cognato scapolo della signora Flowers. Né lei né il marito si erano risentiti per la sua eredità, visto che i guadagni di Edward erano sufficienti a garantire a entrambi una vita molto agiata.

A questo punto, Watson trascrive le sue esatte parole: «Anche se noi non eravamo affatto invidiosi della fortuna di Wincott, Gregory, il fratello di Lambert, era molto meno tollerante. L'ho sentito dire chiaramente che almeno metà del denaro sarebbe dovuto andare a lui, come retribuzione per essersi preso cura della casa e degli affari di Lambert mentre lui era in Sudafrica».

Dopodiché, la signora Flowers rivelò a Holmes e Watson qualcosa in piú su Gregory Flowers. Abitava nel vicino villaggio di Goudhurst ed era un chimico e inventore che si guadagnava da vivere vendendo i brevetti delle sue scoperte ad aziende produttrici di armamenti e industrie farmaceutiche. Si era sposato giovane, ma la moglie l'aveva lasciato appena due settimane dopo le nozze, per cause che non furono mai chiarite. La signora Flowers, che prima del matrimonio aveva lavorato per breve tempo come assistente nel laboratorio di Gregory, credeva di sapere perché l'uomo vivesse solo. Aveva l'abitudine, spiegò con un brivido, di trattare il personale femminile «con un po' troppa confidenza».

Holmes annuí e le chiese di continuare.

Il 27 settembre, neanche sei mesi dopo l'improvvisa morte di Lambert Flowers, il suo primogenito Wincott venne a mancare in modo simile: fu trovato accasciato sulla tavola da pranzo accanto a un bicchiere di vino rosso bevuto a metà. Ancora una volta, non c'erano segni sul corpo, né ragioni di sospettare un omicidio. L'autopsia stabilí che aveva goduto di ottima salute. Tuttavia, sostanze sospette rinvenute nello stomaco insieme ai resti in parte digeriti della cena suggerirono che fosse stato avvelenato.

La polizia interrogò Gregory Flowers, che si professò innocente e forní un alibi di ferro per l'ora in questione. Senza nessuna prova certa su cui basarsi, le indagini furono chiuse e Wincott Flowers fu dichiarato morto «forse a causa di un veleno somministrato da persona o persone sconosciute».

A questo punto, la signora Flowers ebbe un altro crollo nervoso. Per la seconda volta, fu rinfrancata dal brandy di Holmes, poi si asciugò delicatamente gli occhi e proseguí.

Wincott aveva lasciato la fortuna di famiglia a suo fratello Edward. – È mio marito, signor Holmes! – gridò la signora Flowers, sull'orlo dell'isteria. – Non capite? Gregory non si fermerà davanti a nulla per mettere le mani sul denaro. Usando le sue conoscenze di chimica, prima ha avvelenato suo fratello, poi il nipote piú anziano. Il prossimo sarà Edward, poi forse toccherà a me! A quel punto, sarà l'unico membro della famiglia ancora vivo e l'intero patrimonio sarà suo! Per favore, signor Holmes, dovete aiutarmi! Vi prego!

Quando la signora si fu ripresa da un terzo attacco di pianto, Holmes disse che era disposto a occuparsi della faccenda, ma prima le dispiaceva rispondere a qualche domanda?

Assolutamente no. Desiderava aiutare in qualsiasi modo possibile.

Per cominciare, suo marito sapeva che si era rivolta a lui?

No. Non voleva metterlo ingiustificatamente in allarme. Poco dopo che lui era partito per Londra, subito prima di mezzogiorno, lei aveva atteso un quarto d'ora, poi aveva preso un treno per Victoria Station, da dove si era fatta portare direttamente in Baker Street da una carrozza a nolo.

Holmes si sporse in avanti e arricciò leggermente il naso. Watson conosceva bene quel gesto: indicava che il suo compagno stava cercando di identificare un particolare odore.

Dunque anche suo marito si trovava a Londra? chiese Holmes.

Sí.

E a che ora sarebbe rientrato a casa?

Probabilmente tardi. In genere non tornava prima delle 20.

Holmes annuí. E non aveva ragione di pensare che suo marito stesse poco bene?

No, godeva di ottima salute. Entrambi facevano camminate regolari, bevevano poco e non avevano mai fumato.

Quanto alla morte di Wincott... la signora aveva visto la scena con i suoi occhi?

Purtroppo sí. Anche Wincott aveva vissuto a Tunbridge Wells e, nell'istante in cui aveva trovato il corpo, la cameriera era subito corsa a chiamare suo fratello e la moglie. Siccome era domenica, erano entrambi a casa e la signora Flowers era entrata nella stanza insieme al marito.

E non aveva motivo di credere che la domestica avesse spostato il corpo?

Assolutamente no.

Poteva descrivere la scena nel modo piú preciso possibile?

Certamente. Il tavolo da pranzo, apparecchiato per una persona, si trovava al centro della stanza. Il corpo di Wincott era ancora sulla sedia, di fronte alla porta, con la testa e le spalle riverse in avanti, sul piatto vuoto. Il bicchiere di vino era a sinistra...

A sinistra di cosa?

Non alla nostra sinistra, ma alla sinistra del povero Wincott. A sinistra del palcoscenico, per cosí dire.

Non era strano? Di solito i bicchieri si mettono a destra, dove è piú facile prenderli.

Wincott era mancino.

La conversazione si protrasse per altri cinque minuti, alla fine dei quali Holmes ringraziò la signora Flowers per aver risposto con tanta cura alle sue domande e disse che avrebbe certamente accettato il caso.

Lei lo ringraziò con calore e lo pregò di non perdere neanche un istante, per evitare che Gregory colpisse prima di essere arrestato. Reiterando i suoi sentiti ringraziamenti e ribadendo che il marito era in grave pericolo, si affrettò a lasciare la stanza in modo da essere a casa prima del ritorno di Edward.

Dopo aver concordato che l'indomani pomeriggio avrebbe accompagnato Holmes a Tunbridge Wells, Watson lasciò l'appartamento di Baker Street mentre l'investigatore tornava di guardia alla finestra, in attesa dell'elusivo Irregolare.

Il giorno seguente, i due uomini si incontrarono a Victoria Station alle 14. Mentre aspettavano il loro treno, Holmes acquistò un'edizione anticipata del giornale della sera e ne scorse i titoli. Un breve trafiletto tra le notizie dell'ultima ora attirò il suo sguardo: il giovane avvocato Edward Flowers di

Tunbridge Wells era stato trovato morto alla scrivania del suo ufficio presso lo studio di Simkins & Warburton, 123 The Strand, Londra.

– Accidenti a quella donna! – mormorò Holmes. – Ha agito prima di quanto mi aspettassi.

– Non vorrete dirmi, Holmes, – esclamò Watson sbalordito, – che sospettate che quella povera signora abbia ammazzato il proprio marito?

– Assolutamente sí, – rispose l'investigatore. – Ho sospettato di lei fin dal primo istante.

Perché?

5

IL CASO DELLA SPILLA SMALTATA

All'inizio dell'«Avventura dell'inquilina velata», Watson parla della «massa enorme di materiale» a sua disposizione, e di come il suo problema «non fosse quello di trovare, ma di scegliere». Nel passare in rassegna i suoi voluminosi appunti, abbiamo cercato di capire le motivazioni in base alle quali il dottore avesse elaborato alcuni casi per ricavarne dei racconti, scartandone altri. Nella maggior parte degli esempi, le ragioni erano ovvie: molti casi si assomigliavano, oppure erano troppo semplici da risolvere. Un gran numero di questi, Watson li aveva etichettati con la sigla OA. Ben presto, ne intuimmo il significato: Ordinaria Amministrazione.

Watson aveva utilizzato altre due sigle: OMP e PS. Queste contrassegnavano alternandosi gli appunti riguardanti una trentina di casi archiviati separatamente dagli altri in una robusta scatola di metallo legata con un grosso spago. Il nodo era stato sigillato con la cera e vi era attaccata un'etichetta recante l'iscrizione a grosse lettere: SEGRETO E STRETTAMENTE RISERVATO. Al di sotto, in un corsivo piú piccolo, qualcuno aveva aggiunto: *Bruciare piuttosto che rendere pubblico.*

Potete immaginare la nostra trepidazione mentre aprivamo la scatola e tiravamo fuori i plichi di carta sottile e crepitante. Davanti a noi, finalmente, c'erano quei casi a cui Watson faceva riferimento nel paragrafo iniziale dell'«Avventura dell'inquilina velata»; «La discrezione e l'alto senso dell'onore professionale che sempre hanno contraddistinto il mio amico ispirano anche la scelta di queste memorie, e non verrà certo compiuto un abuso di fiducia». Bastò una rapida occhiata per comprendere cosa volesse dire Watson: quei casi erano, senza eccezione, assolutamente affascinanti; una mezza dozzina almeno era senza dubbio scandalosa, e nemmeno uno era stato incluso nelle opere pubblicate.

Il significato di OMP divenne chiaro mentre esaminavamo con piú attenzione i primi due casi. Il dottore aveva vissuto per gran parte della sua vita durante il regno della regina Vittoria, quando le questioni di natura sessuale venivano o nascoste sotto il tappeto o trattate nel modo piú indiretto. Anche se Watson era di idee liberali, non era preparato a offendere i suoi lettori andando contro le norme sociali del tempo. OMP, deducemmo, significava Offensivo per la Morale Pubblica.

Fu quando arrivammo al terzo plico della pila, quello che Watson, con una certa reticenza, aveva intitolato «Il caso della spilla smaltata», che intuimmo il significato di PS. Se dobbiamo credere agli appunti di Watson, quella sigla poteva voler dire solo una cosa: Politicamente Sensibile. Se il caso lo sia tuttora, lo lasceremo giudicare a voi.

Watson rimase un po' stupito quando Holmes accettò di occuparsi del caso della spilla smaltata. Di norma, il grande detective non era sensibile alle grazie femminili; anzi, a dire il vero, a volte si ha l'impressione che preferisse gli scapestrati Irregolari di Baker Street alle eleganti signore che venivano a implorare la sua assistenza. Eppure, quando Emily de Chablis si presentò al 221B di Baker Street, un soleggiato pomeriggio del luglio 1900, parve lasciarsi ammaliare dal suo innegabile fascino e acconsentí ad ascoltare la sua storia.

La giovane signora colpí Watson non meno di quanto avesse colpito l'investigatore, tanto che i suoi appunti, in genere stringati, si dilungano in una descrizione completa.

La signorina de Chablis era d'altezza inferiore alla media, ma compensava questa mancanza con i suoi modi energici, franchi e diretti. I suoi occhi di un lucente color zaffiro erano pieni di vitalità e contrastavano in modo straordinario con i capelli castano scuro, i quali incorniciavano un viso alquanto rotondo, che a riposo forse sarebbe stato piuttosto insignificante, solo che non era mai a riposo. Che si rivolgesse al mio compagno o che ascoltasse le sue risposte, era tutta energia: inclinava la testa come un passero e giocherellava in continuazione con le corte dita.

Tuttavia, non era il suo modo di fare ad attirare tanto la mia attenzione, né il suo aspetto da bambola. Mi ricordava un personaggio molto noto, anche se, per quanto mi scervellassi, allora non mi venne in mente chi fosse.

La richiesta della signorina de Chablis era del genere triviale che raramente ispirava Holmes a impegnare il suo considerevole intelletto, e Watson scrive che in circostanze normali l'investigatore avrebbe congedato la cliente in modo cortese, ma con fermezza, dopo un breve scambio di battute. La signorina chiedeva aiuto per rintracciare la sua genealogia. A partire da Dickens, scrittori e storici hanno sottolineato come la tanto decantata «rispettabilità» vittoriana mascherasse solo in parte il dilagante squallore di una società in cui forse la metà della popolazione era stata concepita al di fuori del vincolo coniugale, e un ulteriore quarto non aveva idea di chi fosse il proprio padre... e a volte perfino la propria madre. Che cosa, dunque, distinse la signorina de Chablis dagli altri agli occhi di Holmes?

La signorina era venuta su richiesta del suo fidanzato, Frank Goresby-Jones, un rispettabile giovane medico di Kidderminster. Gli appunti di Watson non rivelano molto sui retroscena della storia, ma pare che il padre del dottor Goresby-Jones fosse un pastore metodista di una certa fama e che, prima di solennizzare le nozze del figlio con la signorina de Chablis, desiderasse sincerarsi della rispettabilità di quello che lui definiva «il suo retaggio». La madre della ragazza, Liza, era morta subito dopo il parto e la bambina era stata allevata dalla zia, la signora Mitcham. La famiglia di quest'ultima, composta dal marito e dai cinque figli, tutti maggiori di Emily, superava a pieni voti la prova di rispettabilità del reverendo Goresby-Jones. Tuttavia, restavano uno o due punti di domanda sulla giovane parente adottata.

Emily sapeva soltanto quello che le aveva detto la zia. All'età di ventun anni, sua madre, la caparbia signorina Liza Wilkins, si era trasferita a Parigi, dove aveva trovato impiego come insegnante di inglese presso una scuola privata per giovinette. Da lí, aveva scritto annunciando di essersi innamorata di (e di aver sposato) Édouard de Chablis, un giovane di un'antica e distinta famiglia francese. I Mitcham rimasero sorpresi, e perfino un po' scioccati, dall'annuncio, dato che non avevano mai incontrato il signor de Chablis e che Liza non aveva mai parlato di lui nelle sue sporadiche lettere.

La storia prese una svolta tragica quando, una piovosa sera di novembre del 1882, una madame de Chablis in avanzato stato di gravidanza e in preda all'angoscia era apparsa sulla soglia di casa della sorella, annunciando che il marito era stato assassinato, lasciandola vedova e senza un penny. Emily era nata dieci giorni piú tardi e sua madre era morta di emorragia due giorni dopo il parto.

In conformità ai desideri del futuro suocero, la diciottenne Emily aveva interrogato la zia sui propri genitori, ma non aveva appreso nulla piú di quanto non sapesse già: sua madre, la signorina Liza Wilkins, era stata un'insegnante di inglese a Parigi e il padre di Emily era il fratello maggiore di una delle sue alunne. La signora Mitcham non aveva idea di come né del perché fosse morto, e a meno di recarsi a Parigi per fare delle ricerche sull'assassinio, Emily non aveva modo di scoprirlo.

Dopo avere ascoltato la sua storia, Holmes «la studiò con grande attenzione, al punto che la giovane arrossí e si

girò dall'altra parte, dichiarando che non le piaceva essere esaminata come un cavallo da corsa». L'investigatore si scusò, ma insistette nel dire che il suo comportamento era necessario, se voleva aiutarla. Poi le chiese se fosse in possesso di qualche oggetto di proprietà della madre. – Soltanto uno, – rispose la ragazza. Tirò fuori dalla borsetta una spilla d'oro smaltata d'azzurro a forma di cuore e la consegnò all'investigatore.

Gli occhi di Holmes «si illuminarono come fari» nell'istante in cui si posarono sull'oggetto. Dopo averlo esaminato con attenzione per alcuni momenti, lo passò a Watson. Il dottore scrive che «era piuttosto grande e di squisita fattura, e probabilmente di valore considerevole». Incastonato nello smalto c'era il nome «Edward», sotto, le parole «du Chab».

Watson ipotizzò, come Emily, che la spilla fosse stata donata a Liza dal marito, il quale aveva utilizzato la forma inglese del suo nome («Edward» per «Édouard») e abbreviato il cognome a «du Chab». Dopo che la cliente se ne fu andata, Holmes avrebbe spiegato a Watson che tale «serie di deduzioni assolutamente logiche» era «chiaramente falsa». Ma in quel momento si limitò a sorridere beffardo e disse alla cliente che poteva assicurare al futuro suocero che il suo retaggio non era soltanto rispettabile, ma «di gran lunga piú rispettabile di quello di qualunque pastore metodista del regno».

In base a quali fondamenti si sentiva in grado di fare una simile dichiarazione?

6

Il mistero del quarto trombone

Come forse ricorderete, Sherlock Holmes era un musicista entusiasta, che suonava il violino e frequentava abitualmente gli auditorium e le sale da musica. Fu proprio la sua presenza a uno dei popolari concerti della domenica pomeriggio all'Albert Hall a trascinarlo in quello che in seguito il suo amico Watson avrebbe intitolato «Il mistero del quarto trombone».

Gli appunti di Watson ci informano che Holmes non amava essere riconosciuto in pubblico. Questo accadeva in parte a causa di un'innata avversione per i convenevoli, in parte perché, per la sua professione, era un vantaggio essere meno riconoscibile possibile, e in parte perché, dopo l'incidente del siamese della signora Arbuthnot, era restio a farsi coinvolgere in questioni che non lo interessavano. (La signora Sylvia Arbuthnot, la zia di un giovane che Holmes aveva assistito, l'aveva riconosciuto mentre camminava in Regent Street e per un quarto d'ora l'aveva implorato a voce altissima di aiutarla a ritrovare il suo gatto scomparso.) Di conseguenza, Holmes e Watson avevano prenotato un palco alla Albert Hall per godersi il concerto in relativa riservatezza.

Abbiamo notizia solo della seconda metà del concerto, il quale comprendeva due opere. La prima era *The Golden Legend* di Arthur Sullivan, una cantata sentimentale che Holmes parve apprezzare. La seconda egli la liquidò come «volgare rumore, un vergognoso e dozzinale episodio di ampollosità nazionalistica» e propose di lasciare il teatro prima dell'esecuzione. Watson si oppose. Per una volta, Holmes cedette e, seppure a malincuore, acconsentí a restare seduto per tutta la durata della *Ouverture 1812* di Čajkovskij.

Ci fu un breve intervallo mentre il coro abbandonava il palcoscenico e una parte dell'orchestra sinfonica imperiale faceva una pausa veloce dopo l'opera di Sullivan. Quando i suonatori tornarono al loro posto per l'*Ouverture*, Watson notò un mutamento nel contegno del suo amico. Fissava gli orchestrali proteso in avanti, con il volto tirato. Quando il dottore gli chiese cos'avesse, Holmes puntò un dito ossuto verso la sezione degli ottoni.

– Manca il quarto trombone, – disse. – È uscito dopo il pezzo di Sullivan e non è piú riapparso. Strano, Watson. Forse il poveretto si è sentito male. Credevo che avessero bisogno di tutta la cacofonia d'ottoni possibile e immaginabile per lo *Sturm und Drang* che mi costringerete a sopportare.

Gli sguardi perplessi e le discrete alzate di spalle degli altri trombonisti lasciavano intendere che questi condividevano lo sconcerto di Holmes. Watson, che non se n'era accorto, attribuí l'agitazione dell'amico al suo fastidio per essere stato costretto ad ascoltare un pezzo che non era di suo gusto. Dopo qualche altro commento irritato, Holmes si calmò. Oskar Horváth, il direttore d'orchestra ungherese, tornò sul podio, si inchinò al pubblico in uno scroscio di applausi, sistemò il suo orologio da taschino sul leggio davanti a sé, aprí lo spartito, alzò le braccia... e l'orchestra scivolò nelle sinistre battute d'apertura della famosa *Ouverture*.

All'inizio, tutto andò bene. Anche se chiaramente Holmes non apprezzava la musica, rimase seduto in silenzio. Ma dopo un paio di minuti, la sua agitazione tornò a manifestarsi. Mentre prima aveva lodato Horváth e l'armonia dell'orchestra, ora corrugava la fronte e batteva il tempo con le dita, irritato.

Watson gli fece cenno di smettere. Holmes scosse il capo. – L'amico ha perso il senso del ritmo, – sussurrò.

Watson rivolse di nuovo l'attenzione all'orchestra. Horváth appariva senza dubbio piú turbato di prima: lanciava continue occhiate al leggio e muoveva le braccia per segnare il tempo con foga esagerata. Gli sguardi eloquenti che si scambiavano gli orchestrali suggerivano che anche loro si erano accorti che non tutto stava andando come avrebbe dovuto.

Lo strano comportamento del direttore e le piccole irregolarità nell'esecuzione furono notate solo dai musicisti piú esperti, e il maestro diresse con successo l'*Ouverture* fino alla sua celebrata conclusione, tra campane e colpi di cannone. Il vigore della sezione percussioni compensò la mancanza di veri fucili e il pubblico esplose in un boato entusiasta mentre la nota finale riecheggiava ancora nell'auditorium. Holmes scrollò le spalle e gridò al di sopra del frastuono che era un peccato concludere un pomeriggio piacevole con una simile volgarità.

– Come un temporale alla fine di un picnic, – suggerí Watson.

– Sebbene io non abbia mai partecipato a un picnic, – disse Holmes, – la ritengo un'analogia calzante.

Le nuvole temporalesche riapparvero il mattino seguente, quando Watson lesse a voce alta un articolo di cronaca in cui si riferiva che la sera prima, intorno alle 18:30, Charles de Mainville, il quarto trombonista dell'orchestra sinfonica imperiale, era stato trovato morto nel bagno degli uomini

della Sala Verde della Albert Hall. Anche se aveva vomitato violentemente, la causa del decesso non era quella. L'aveva ucciso un unico proiettile alla testa. Una pistola era stata trovata sul pavimento accanto al corpo. La polizia non aveva motivi di sospettare un omicidio.

– A quanto pare era morto da non piú di un'ora, – notò Watson. – Che tristezza! Dev'essersi sparato verso la fine del brano di Čajkovskij. Con tutti quei finti colpi di cannone, non c'è da stupirsi che non abbiamo sentito lo sparo.

– Deduzione corretta solo a metà! – ribatté Holmes alzandosi di scatto. – Andiamo, Watson! Dobbiamo correre a Scotland Yard e suggerire a quelle teste vuote in uniforme blu di avviare un'indagine per omicidio. E farebbero bene a iniziare interrogando Oskar Horváth.

Per quale ragione Holmes era convinto che il direttore d'orchestra avesse giocato un ruolo nella morte del quarto trombonista?

7

IL MISTERO DEL POETA STRANGOLATO

La grande maggioranza dei casi affrontati da Sherlock Holmes e descritti dal suo amico Watson riguardavano, per dirlo senza giri di parole, il sesso e la violenza. Parlando di violenza, in genere ci si riferisce a omicidi, spesso raccapriccianti. Il «sesso» comprendeva una moltitudine di peccati (e altre faccende) che andavano dalle relazioni clandestine alle nascite «illegittime», fino ad altri comportamenti ritenuti immorali dagli standard dell'epoca. Watson, uomo di idee liberali, era disposto a descrivere simili storie, a patto che esse non offendessero i suoi lettori. Solo pochi casi riguardavano questioni talmente OMP (Offensive per la Morale Pubblica) che non osò mai renderli pubblici. Uno di questi è il «mistero del poeta strangolato».

Il caso ruotava intorno all'omicidio di Tertius Fawcett, ventiseienne maestro di inglese e tutore all'Appleford College. Questa piccola scuola privata per ragazzi, fondata nel 1551, occupava il sito di un'abbazia benedettina sulla costa del Dorset. Si definiva «tradizionale nel miglior senso del termine» e attirava i figli dei contadini e commercianti locali, oltre a quelli di genitori piú illustri i cui rampolli non erano riusciti a trovare un posto in uno degli istituti piú rinomati.

Fu uno di questi illustri genitori, Lord Abbas, a far visita a Holmes in Baker Street intorno alle 11 di un uggioso mattino d'inizio febbraio, pretendendo a gran voce che l'investigatore mettesse fine alle «disgustose e assolutamente infondate dicerie» che stavano circolando sul suo conto. Holmes sottolineò educatamente che aveva bisogno di sentire i dettagli del caso prima di poter decidere se accettarlo o no.

Lord Abbas si gonfiò e sbuffò e, dopo aver bofonchiato un paio di commenti denigratori sui «nuovi ricchi», cominciò infine a raccontare la sua storia. Il suo figliolo tredicenne, l'onorevole Edward Romsey-Ffolkes, frequentava il primo anno alla Cranmer House, Appleford College. Era, ammise il Lord, «un ragazzino piuttosto grazioso, che somigliava alla madre piú di quanto fosse un bene per lui, ma non troppo studioso». Questo divenne chiaro quando Edward attirò l'attenzione di Tertius Fawcett.

Di frequente (addirittura cinque volte alla settimana), Fawcett aveva ricevuto Edward nel suo appartamento, la sera, per aiutarlo con i compiti. Le conversazioni tra il tutore e il ragazzo erano diventate sempre piú strane, confidenziali «al punto da risultare sospette», a sentire Lord Abbas. Insomma, a parer suo, tutto si era spinto «sin troppo oltre il normale rapporto tra un allievo e il suo maestro».

Il Lord era venuto a sapere della vicenda durante le vacanze di Natale, quando il figlio aveva accennato a quel suo originale professore mentre raccontava alla madre i «fatti divertenti» che gli erano capitati durante il trimestre autunnale. Furibondo, Lord Abbas aveva immediatamente preteso un colloquio con il dottor Abercrombie Middleton, il mansueto direttore accademico dell'Appleford College.

L'incontro non andò affatto bene. Il dottor Middleton sembrava ritenere il comportamento del tutore perfettamente corretto, seppure inconsueto. Nonostante ciò, avrebbe scambiato qualche parola tranquilla con Fawcett, consigliandogli di «aiutare il ragazzo con lo studio in altri luoghi del convitto».

A quel punto, Lord Abbas confessò di essere «esploso di rabbia». La «debole reazione» del dottor Middleton era «assolutamente inadeguata», aveva tuonato con voce chiaramente udibile dal segretario del preside e dal docente di storia, i quali stavano conversando in una stanza adiacente. «Scambiare qualche parola tranquilla» non era il modo giusto per affrontare quelle che lui insinuava fossero «le avances che aveva subíto suo figlio». Parlando ancora piú forte, disse che Fawcett avrebbe dovuto essere cacciato dalla scuola. Se quel «damerino» avesse mantenuto il posto anche nel secondo trimestre, sua signoria giurò che «non lo si sarebbe potuto ritenere responsabile delle sue azioni». Quando Holmes gli domandò se avesse usato quelle esatte parole, il Lord ammise di sí. Ne era pentito, poiché di certo aveva esagerato, e adesso gli si erano ritorte contro.

Tertius Fawcett non fu licenziato e, dopo «qualche parola tranquilla» con il preside, continuò tranquillamente a insegnare letteratura inglese... e ad assistere l'onorevole Edward Romsey-Ffolkes con i compiti. Ma non per molto. Il 1° febbraio, appena tre settimane dopo l'inizio del secondo trimestre, il giovane maestro fu trovato strangolato nel suo studio.

In mancanza di altri indiziati, la storia della sfuriata del Lord destò considerevoli sospetti. L'uomo aveva abbastanza buon senso da capire perché. Ammetteva di avere un motivo per avercela con Fawcett e la sua velata minaccia, proferita allo scopo di costringere il preside a licenziare il tutore, poteva essere interpretata come un proposito di violenza. Tuttavia, era una colossale ingiustizia che la vita gli venisse resa intollerabile perché un paio di battute infelici, pronunciate in preda alla rabbia, erano state sentite da «due vecchi pedanti chiacchieroni».

– Non ho nulla a che fare con l'omicidio di quel disgraziato, – concluse il Lord, – e vi sarei immensamente grato, signor Holmes, se veniste nel Dorset, scopriste chi è l'assassino e riabilitaste il mio nome. Santo cielo! Perfino i miei fittavoli mi guardano con sospetto!

Quando Lord Abbas ebbe finito, Sherlock Holmes rimase seduto in silenzio per alcuni istanti, quindi dichiarò che il caso era sufficientemente interessante da meritare la sua attenzione. Se sua signoria era disposto a pagare l'onorario richiesto senza ricevere una garanzia che il suo nome sarebbe stato riabilitato, l'investigatore avrebbe preso il treno delle 9:13 da Waterloo a Dorchester il mattino seguente. Il Lord acconsentí, firmò un assegno per metà della parcella richiesta da Holmes e si accomiatò.

Al suo arrivo a Dorchester, Holmes si recò alla locale centrale di polizia e si presentò al sergente Granger, il giovane poliziotto che si occupava dell'omicidio di Fawcett. L'uomo si trovava in una posizione scomoda, impantanato tra la ricerca della verità e la furia del locale pezzo grosso, e accettò di buon grado l'aiuto di Holmes. Confermò l'esattezza del racconto di Lord Abbas e presentò le prove che aveva raccolto durante l'indagine.

La notte dell'omicidio era stata particolarmente tempestosa, con un forte vento che soffiava da sudovest. Nonostante ciò, una delle finestre a battenti del bovindo di Fawcett era rimasta aperta tutta la notte. Granger non aveva trovato impronte né altre tracce nell'aiuola sottostante. Il direttore del convitto della Cranmer House affermava che, per quanto ne sapeva lui, tutte le porte d'ingresso dell'edificio erano state chiuse dall'interno.

Granger aveva interrogato una dozzina di collegiali della Cranmer. La gran parte disse di avere provato simpatia per il tutore, malgrado le sue stranezze. Era un giovane eccentrico, che non chiudeva mai a chiave la porta del suo alloggio e lasciava la finestra dello studio perennemente aperta «per raffreddare il suo cuore febbricitante». La natura di quelle febbri fu confermata dalle stampe erotiche rinvenute poi tra le pagine di un volume di poesie di Oscar Wilde: immagini di atti che, per citare le parole di Watson, «avrebbero fatto arrossire i piú sfacciati».

Il cadavere di Fawcett fu trovato dopo colazione da un ragazzo che voleva chiedergli un consiglio sulla sua parte nella recita scolastica. Il medico che esaminò il corpo disse che si trovava lí da sei a otto ore, il che significava che il tutore era stato ucciso nelle prime ore del mattino. Era stato strangolato a mani nude da un individuo molto forte, quasi certamente un uomo. Dato che non c'erano segni di lotta, Granger aveva dedotto che o era stato colto di sorpresa, oppure conosceva il suo aggressore.

Il giovane poliziotto disse anche che Fawcett aveva velleità poetiche e che la sera prima di essere ucciso aveva lavorato a un componimento.

– Pare che si fosse ispirato alla tempesta di quella notte, – suggerí consegnando a Holmes un foglio di carta. Su di esso, in mezzo a vari scarabocchi, c'erano solo quattro versi:

Questa tempesta che imperversa lassú
cos'ha a che vedere con l'amore?
Il momento è giunto! Tacere non posso piú.
Rivelare devo ciò che aborro con tutto il cuore.

Holmes li lesse, annuí e restituí il pezzo di carta.

Avendo comunicato a Holmes tutte le prove che aveva raccolto, Granger ammise di «non sapere che pesci pigliare». Il colpevole era palesemente Lord Abbas. Ma il Lord giurava che nella notte in questione si era trovato a casa, a Compton Hall. Sua moglie, una signora magra e timida, confermò che, per quanto ne sapeva, era cosí. Lei e Lord Abbas dormivano in stanze separate e si era ritirata presto, lasciando il marito a bere da solo. Il maggiordomo ricordava di avergli portato una bottiglia di porto verso le 22:30, poi era andato a letto. Lo stalliere non aveva sentito nessuno lasciare la scuderia, né arrivare durante la notte. Il mattino seguente, quando aveva dato da mangiare ai cavalli, nessuno di essi mostrava alcun segno di essere stato montato nelle ultime ventiquattro ore.

Anche se Lord Abbas fosse riuscito a uscire di casa all'insaputa di tutti e a cavalcare fino all'Appleford College, spiegò Granger, era pressoché impossibile che questi, o un assassino da lui assoldato, fosse entrato alla Cranmer House, avesse commesso l'omicidio e fosse quindi fuggito senza essere visto da nessuno, né lasciare traccia del proprio passaggio. Sherlock Holmes non fece commenti su questa osservazione.

Dopo un pranzo leggero, Holmes si recò all'Appleford College in un calesse a nolo. Arrivò a metà pomeriggio e, prima di annunciare la propria presenza, fece un rapido sopralluogo del campus. La Cranmer House, un'antica struttura a forma di E, sorgeva su un promontorio poco meno di duecento metri a sudovest degli altri edifici del collegio.

Il dormitorio dei ragazzi, che si trovava al primo piano del lungo corpo centrale della E, si affacciava direttamente sul mare ed era esposto alle frequenti burrasche da sudovest. Le tre ali che formavano le gambe della E erano situate sul lato piú riparato dell'edificio e davano sul resto del college. Da nord a sud, ospitavano gli alloggi del tutore e della governante, le cucine e l'alloggio del direttore del convitto. L'appartamento di Fawcett era al pianterreno, subito sotto quello della governante. Il bovindo a colonnine di pietra del suo studio si affacciava sulle aiuole e sui prati che circondavano la chiesa monastica restaurata, che fungeva da luogo di culto sia per il collegio che per i parrocchiani locali.

Avendo completato il suo sopralluogo, Holmes raggiunse l'edificio principale della scuola e fu condotto nello studio del preside. Il dottor Middleton lo accolse con calore, esprimendo la speranza che sarebbe riuscito a «risolvere quell'incresciosa faccenda il piú rapidamente possibile». Non aveva nulla da aggiungere alle informazioni che aveva dato a Granger ed erano già in possesso dell'investigatore.

Holmes quindi si incamminò verso la Cranmer House,

dove fu accolto dal direttore del convitto, il signor Montague Wray, che gli mostrò l'edificio e ripercorse ancora una volta gli eventi della notte dell'omicidio. Il suo racconto coincideva sotto tutti gli aspetti con quelli di Granger e del preside. Avendo appreso la sera prima da Lord Abbas che Holmes si sarebbe occupato del caso, Wray si era molto rallegrato: lo scandalo non giovava affatto alla reputazione della scuola, e del suo convitto in particolare.

Quando Holmes gli chiese la sua opinione su Fawcett, Wray confessò che, sebbene fosse sconvolto dall'accaduto, il tutore non era il suo tipo. Era «troppo effeminato» per la Cranmer. Quello di Wray era un collegio sportivo, che

si pregiava di trasformare i ragazzi in uomini in grado di governare l'Impero. Era un posto da duri, «solo per cognomi che contavano». Crawley, il rappresentante del convitto, era l'incarnazione dell'«uomo della Cranmer»: era anche rappresentante della scuola, capitano della squadra di rugby, e abbastanza brillante da essere destinato a Oxford. Era un po' violento sul campo da rugby e aveva un temperamento irascibile, ma tutto sommato era «un ragazzo di prim'ordine, assolutamente di prim'ordine».

Holmes disse che non vedeva l'ora di conoscere il giovanotto. Nel frattempo, Wray poteva dirgli con esattezza cosa aveva fatto la notte del delitto?

L'uomo raccontò di aver fatto un giro dell'edificio poco prima delle 23; era sicuro dell'orario perché aveva sentito l'orologio della chiesa battere l'ora mentre chiudeva la porta del suo appartamento e raggiungeva la moglie in salotto. Durante il giro, aveva controllato che tutti i ragazzi fossero a letto e che la porta della cucina fosse chiusa a chiave.

Aveva controllato le porte esterne?

No, era responsabilità del rappresentante del convitto assicurarsi che fossero tutte sprangate al momento di spegnere le luci, alle 22:30.

Dov'era Crawley quando il direttore aveva fatto il suo giro?

Era a letto, nel suo cubicolo, all'estremità sud del dormitorio.

Dormiva?

Sembrava di sí.

Per concludere, Wray aveva visto Fawcett quella sera?

No, ma ricordava di aver visto una luce sotto la sua porta mentre ci passava davanti.

Holmes ringraziò Wray dell'aiuto e chiese di parlare con la governante. L'uomo disse che si era presa una giornata libera con breve preavviso per fare visita alla sorella ammalata a Weymouth, ma che ormai doveva essere tornata. La sua supposizione si dimostrò corretta. Holmes trovò la signora Sophia Mussett, una bella donna sui trent'anni, con ancora indosso il mantello e il cappello che aveva messo per il viaggio. Un po' scombussolata dall'improvvisa apparizione di un cosí insigne visitatore, pregò Holmes di accomodarsi mentre lei riponeva le sue cose e si dava una rassettata.

La signora Mussett aveva decorato il suo salotto, che fungeva anche da infermeria, con una varietà di cimeli della scuola, compresa una foto incorniciata della squadra di rugby. Cinque anni prima, spiegò tornando nella stanza, suo marito era stato ucciso in Africa. Vedova e priva di risorse, aveva vissuto a Weymouth con sua sorella, poi aveva accettato il posto alla Cranmer House. Quella, disse, era stata la cosa migliore che avrebbe potuto fare. Amava ogni minuto del tempo trascorso al collegio.

Holmes la interrogò sulla precisa natura delle sue mansioni e chiese di vedere il libro in cui registrava i nomi dei ragazzi che si presentavano durante l'orario di ricevimento serale nel suo ambulatorio. Tra le caviglie slogate, i geloni e gli altri disturbi elencati nella notte dell'omicidio di Fawcett, Holmes notò il nome di «Sebastian Crawley» accanto alla dicitura «bruciore di stomaco».

Sí, sorrise la signora Mussett, Sebastian era venuto a chiederle se aveva qualche farmaco contro l'indigestione. Gli aveva dato un cucchiaio di *Hepar sulphur*, come raccomandato dal manuale sulla gestione domestica della signora Beeton.

Il nome di Crawley appariva di frequente nel registro dell'infermeria, osservò Holmes. Era delicato di salute?

La signora Mussett scoppiò a ridere. Delicato? No davvero. Sebastian era il ragazzo piú in forma del convitto. Le sue visite erano tutte dovute a ferite riportate sul campo da rugby.

La signora Mussett conosceva bene il signor Fawcett?

No, gli aveva parlato raramente.

Aveva saputo dei sospetti di Lord Abbas riguardo all'eccessiva confidenza che avrebbe dimostrato con suo figlio?

Certamente, e a suo parere il preside avrebbe dovuto licenziare Fawcett seduta stante. Era un personaggio disgustoso, che non faceva mistero del suo disprezzo per le donne.

Holmes la ringraziò della sincerità e tornò nello studio del direttore del convitto. Aveva un'ultima persona da interrogare. Si poteva mandare qualcuno a cercare Crawley? Un ragazzo del primo anno fu puntualmente spedito alla sua ricerca e, dopo una decina di minuti, il rappresentante della scuola entrò nella stanza. Alto piú di un metro e ottanta, con le spalle larghe e dotato dello sguardo fermo tipico degli sportivi, era in tutto e per tutto formidabile, come aveva detto Wray.

Gli piaceva il signor Fawcett? chiese Holmes.

No, signore, rispose l'Adone. Pur rispettando la sua erudizione, non gli erano piaciuti i suoi modi poco virili. Aveva trovato disdicevole il suo comportamento con Edward Romsey-Ffolkes. Inoltre, continuò, Fawcett non era certo un gentiluomo. In classe, era solito fare commenti denigratori sulle donne, comprese la signora Mussett e la moglie del direttore del convitto, la signora Wray.

Poteva spiegare cosa intendeva con «commenti denigratori»? Il ragazzo esitò e sulle sue guance apparve un leggero rossore. Aveva sentito Fawcett definire entrambe le signore delle «infide seduttrici».

Dove si trovava Crawley la notte dell'omicidio?

A letto, nel suo cubicolo nel dormitorio.

Dormiva quando il signor Wray aveva fatto il suo giro?

No, era rimasto a lungo sveglio ad ascoltare il vento e a pensare a quali giocatori mettere in campo nella prossima partita. L'ultima cosa che ricordava era di aver sentito l'orologio della chiesa battere la mezzanotte e mezza.

Concluso l'ultimo colloquio, Holmes si accomiatò dal signor Wray e rientrò all'Abbas Arms, dove aveva prenotato una stanza. Il mattino seguente tornò a Dorchester e chiamò Granger. Un'attenta perquisizione dell'alloggio della governante della Cranmer House, suggerí, avrebbe quasi certamente fatto scoprire preziose nuove prove che avrebbero portato all'arresto dell'assassino di Fawcett.

Granger seguí il suggerimento di Holmes e quello stesso pomeriggio venne effettuato un arresto.

Chi fu arrestato con l'accusa di omicidio, e in base a quali prove?

8

L'avventura del piromane di Axelbury

Nell'«Avventura della scatola di cartone», Watson ci ricorda che Sherlock Holmes non nutriva grande interesse per il mondo naturale, poiché «né campagna né mare presentavano per lui la benché minima attrazione». Non era mai veramente felice a meno che non fosse a Londra, «al centro di cinque milioni di persone». Fu dunque con una certa riluttanza che, nella primavera del 1907, egli accettò di fare un viaggio nel Somerset per indagare su quello che all'apparenza era un comunissimo caso di piromania.

Durante un periodo di ristagno delle attività al 221B di Baker Street, Holmes ricevette una breve lettera scritta in una calligrafia femminile grande e sicura, che lo pregava di recarsi ad Axelbury Hall, nel paese di Nether Stowey, per «risolvere uno sciagurato caso di brutale piromania». L'autrice della lettera concludeva offrendosi di pagare «qualunque onorario, o parcella, o come la volete chiamare, oltre alle spese, eccetera eccetera eccetera...». I compensi pecuniari, per quanto bene

accetti a Holmes, gli interessavano meno della possibilità di esercitare le sue formidabili capacità per il perseguimento della giustizia, e in circostanze normali avrebbe ignorato una perorazione cosí isterica. Ma la stravagante firma in calce all'epistola lo convinse ad agire altrimenti.

La signorina Agatha Teasebury, la «Colomba di Drury Lane», era un'attrice la cui bellezza aveva un tempo fatto girare la testa di ogni giovanotto di Londra, compresa quella del giovane scapolo John H. Watson. Ormai vedovo, il dottore confessa negli appunti il suo «grande desiderio di posare gli occhi su colei che per tanti anni aveva illuminato i palcoscenici di Londra». In un raro attacco di gentilezza, Holmes aveva acconsentito ad avverare il donchisciottesco desiderio del collega.

La decisione dell'investigatore fu influenzata anche da una questione piú professionale. Poco dopo Natale, l'anno prima, un ladro aveva rubato alla signorina Teasebury una collana di perle e diamanti del valore stimato di oltre centomila sterline. Il gioiello non era mai stato ritrovato. Sherlock Holmes, dunque, si trovava dinnanzi alla rara opportunità di risolvere due misteri contemporaneamente, anche se in privato confessò a Watson che era la scomparsa della collana ad affascinarlo di piú.

Prima di sostituire la frenesia della città con la noia bucolica del Somerset, Holmes scavò nei suoi album di ritagli per rinfrescarsi la memoria sulla rapina Teasebury. A quanto pareva, uno scassinatore era entrato una sera nella villa dell'attrice mentre la padrona di casa intratteneva degli ospiti in sala da pranzo. Visto che tutte le porte erano aperte e il personale era impegnato a servire la cena, lui (poiché si trattava quasi certamente di un uomo) era direttamente salito nella camera da letto dell'attrice, aveva frugato nella sua toletta e, trovata la collana, se n'era andato con quella.

Nessuno si era accorto di nulla finché l'autista della signorina Teasebury, George Hazelhurst, aveva avvistato uno sconosciuto in piedi vicino all'automobile della signora, parcheggiata di fianco alla villa. L'autista ebbe l'impressione che l'uomo fosse lí da qualche minuto e stesse cercando di accendere il motore, probabilmente per fuggire con la macchina. Al suo «Chi va là?», l'individuo era rimasto fermo per un istante accanto all'automobile, poi si era dileguato prima che Hazelhurst riuscisse a vederlo bene.

Piccard Grantham, un pescatore di granchi di Minehead che aveva perso la barca in una recente tempesta, era stato arrestato poco dopo per un altro furto e si trovava dietro le sbarre della prigione di Shepton Mallet. Sebbene l'autista affermasse che Grantham somigliava molto alla figura che aveva visto vicino all'automobile, l'uomo negò di essere a conoscenza della collana della signorina Teasebury e il gioiello non fu mai recuperato.

Le attrici, perfino le piú celebri, raramente accumulano grandi fortune solo attraverso il loro talento. Fu cosí anche per Agatha Teasebury. All'avvicinarsi del suo cinquantesimo compleanno, aveva sposato Adolphus Grinkwaller III, un imprenditore americano che aveva messo insieme un favoloso patrimonio con l'industria mineraria e l'acciaio. La signorina Teasebury aveva accettato di salire all'altare a condizione che lui si trasferisse in Inghilterra, a una ragionevole distanza da Londra. Il milionario l'aveva puntualmente assecondata con l'acquisto di Axelbury Hall, nei pressi di Nether Stowey, e della sua tenuta da millesettecentocinquanta acri di terreni agricoli e riserve di caccia.

Tristemente, il signor Grinkwaller non aveva goduto a lungo della sua posizione tra i ranghi dei proprietari terrieri inglesi. Sei mesi dopo le nozze, era caduto da cavallo mentre era a caccia con i suoi cani Quantock Staghounds, spezzandosi il collo con esito fatale. Agatha ne uscí con il cuore, a sua volta, teatralmente spezzato.

L'esito dell'incidente, per la signorina Teasebury, si rivelò meno permanente che per il marito, e ben presto l'attrice si adattò a una tranquilla vita di campagna inframmezzata da qualche apparizione sui palcoscenici di Londra. Il personale della villa comprendeva tre cameriere, un cuoco, un maggiordomo, una governante e un autista. Dopo la morte di Grinkwaller, la signorina Teasebury si rifiutava fermamente di avere a che fare con i cavalli e si faceva portare alla stazione di Taunton nella magnifica Buick scarlatta che il marito aveva fatto arrivare dagli Stati Uniti. Era stata proprio la perdita di quest'automobile, la stessa che l'intruso aveva presumibilmente tentato di mettere in moto, che aveva spinto la signorina Teasebury a scrivere a Sherlock Holmes.

Il cocchiere che accolse l'investigatore e il suo amico alla stazione di Taunton rivelò che nelle tre settimane precedenti c'erano stati cinque casi di incendio doloso nella zona delle colline di Quantock. Non era a conoscenza dell'ultimo, in cui era andata distrutta la Buick della signorina Teasebury, ma i primi quattro erano stati tutti appiccati allo stesso modo. Una balla di fieno era stata spinta vicino alla porta di quattro diversi garage, cosparsa di olio da lampada e incendiata. In tutti e quattro i casi, all'arrivo dei vigili del fuoco le fiamme avevano completamente bruciato la porta di legno e distrutto l'automobile all'interno.

Grazie al cielo non c'erano state vittime, anche se uno stalliere che dormiva nel sottotetto di una delle autorimesse aveva avuto la fortuna di cavarsela solo con delle leggere ustioni. La polizia stava cercando un uomo o una donna il cui sostentamento era minacciato dalla diffusione delle automobili a scapito dei veicoli trainati dai cavalli. C'erano vari sospettati, ma non abbastanza prove per effettuare un arresto.

Dopo aver prenotato una stanza in una vicina locanda, Holmes e Watson si presentarono ad Axelbury Hall. Il dottore trovò la Colomba di Drury Lane «assolutamente magnifica da vicino quanto lo era stata sul palco». Era talmente conquistato da citare Shakespeare. «L'età non può appassirla» scrive nei suoi appunti, «né l'abitudine rendere stantia la sua infinita varietà». Com'era prevedibile, Holmes non rimase altrettanto colpito e definí «un po' stiracchiato» il paragone tra Agatha Teasebury e Cleopatra.

La Buick si trovava in un garage di pietra situato in un boschetto, una cinquantina di metri a ovest della villa. Il cottage dell'autista, dello stesso materiale, era a una decina di metri, al limitare degli alberi. Le pareti della rimessa erano sopravvissute alle fiamme, ma la porta di legno e il tetto erano completamente distrutti e il veicolo all'interno era ridotto a uno scheletro annerito di lamiere contorte.

Holmes esaminò il rottame in compagnia dell'autista. Il pover'uomo ammise di sentirsi terribilmente in colpa per aver permesso la distruzione di una proprietà tanto cara alla sua padrona.

Holmes gli rivolse uno sguardo penetrante. «In colpa?»

Imbarazzato, Hazelhurst si chinò a raccogliere il lucchetto della porta del garage. Era aperto.

Holmes annuí. – E solo voi avevate la chiave? – domandò.

– Sono l'unico a utilizzarla, signore. È appesa a un chiodo vicino alla porta di servizio. Immagino che sia ancora lí. Avrei giurato di aver sprangato bene il garage, ma a volte sono un po' distratto. Evidentemente non avevo chiuso il lucchetto dopo l'ultima volta che ho portato fuori la macchina.

– Evidentemente. E quando è stata l'ultima volta?

– Solo due giorni fa, signore. Sono andato a Shepton Mallet a ritirare una ruota di scorta alla Armstrong Motors. Potete vedere quello che ne resta contro quel muro laggiú –. Indicò un cerchio di gomma carbonizzata.

– Siete andato da solo?

– No, signore. Ho portato con me la cameriera, Molly Fish. Aveva bisogno di comprare dei vestiti. Non ho fatto troppe domande, signore, poiché credo che fosse qualcosa, ehm, di femminile.

– Ed è tornata insieme a voi?

– Sí, signore. Ho dovuto aspettarla per un po' perché ha detto che il suo appuntam... voglio dire, i suoi vestiti... non erano pronti –. Hazelhurst tossí e alzò lo sguardo, ansioso.

– Ebbene?

– Be', so che sono solo pettegolezzi, ma ho sentito le donne di casa dire che Molly ha un innamorato segreto. Forse era in ritardo perché lo ha incontrato. Sembrava un po' turbata...

– Grazie, Hazelhurst. Basta con i pettegolezzi. Torniamo ai fatti. Molly vi ha accompagnato altre volte nei vostri viaggi alla Armstrong Motors?

– Solo una volta, signore. Un mese fa. Dovevo andare a prendere una pompa e lei si è offerta di ritirare delle lenzuola per le stanze degli ospiti.

Holmes annuí e, dopo aver riflettuto per qualche istante su ciò che aveva sentito, cominciò a esaminare i resti della macchina. Hazelhurst rimase vicino a Watson, torcendo nervosamente il cappello tra le dita.

Dopo un paio di minuti, Holmes lanciò un gridolino di sorpresa. Anche se non poteva esserne sicuro, sembrava che il serbatoio dell'automobile fosse stato tagliato con un seghetto per metallo.

Hazelhurst si avvicinò per vedere meglio. – Che Dio mi fulmini, signore! – mormorò chinandosi sul rottame. – A quanto pare quel farabutto voleva assicurarsi che l'auto bruciasse per bene... ha aperto il serbatoio in modo che le fiamme raggiungessero il carburante.

Holmes si alzò. – Sí, molto probabile. Voi avete un seghetto per metallo, Hazelhurst?

– Ce l'avevo, signore –. L'uomo indicò i resti carbonizzati di una cassetta per gli attrezzi di legno. – Oltre all'automobile, nell'incendio ho perso anche i miei attrezzi.

– Un'ultima domanda, Hazelhurst.

– Sí, signore?

– Ritenete possibile che l'incendio sia stato appiccato fuori dalla porta del garage e che si sia propagato all'interno dopo che essa ha preso fuoco?

– No, signore. Quando sono arrivato la porta stava ancora bruciando... dall'interno.

– Grazie, Hazelhurst. È stato molto illuminante.

Il mattino seguente, Watson prese a noleggio un pony e un calesse e, in compagnia del locale agente di polizia, lui e Holmes fecero il giro degli altri quattro siti incendiati. Due erano già stati sgomberati, ma negli altri l'investigatore poté effettuare un'analisi minuziosa dei resti.

Dopo aver pranzato a Crowcombe, la comitiva fece

ritorno alla villa sotto la pioggia. A quel punto, Holmes tirava su col naso spesso e rumorosamente. Watson gli disse che doveva essersi preso un raffreddore a forza di gironzolare sulle colline di Quantock sotto la pioggia. Holmes corrugò la fronte, tirò di nuovo su col naso e disse che sapeva che sarebbe dovuto restare a Londra. Ciononostante, avrebbe continuato l'indagine. Con il permesso della signorina Teasebury, desiderava interrogare tutti i suoi dipendenti nelle rispettive stanze. Dopo aver deliziato Watson (e irritato Holmes) con l'aneddoto di un ammiratore che si era introdotto nel suo camerino

«senza neppure bussare alla porta», l'attrice lo autorizzò a iniziare gli interrogatori.

Holmes cominciò dall'autista nel suo cottage e concluse con Molly nella sua stanza all'ultimo piano della villa. Lí, il suo raffreddore parve peggiorare: mentre la cameriera rispondeva alle sue domande, tirava su col naso come una locomotiva a vapore.

Una volta terminato, avendo appreso che la villa non era collegata alla rete telefonica, si fece portare a Nether Stowey con il calesse della governante per fare una chiamata. Tornò mezz'ora piú tardi in compagnia del locale agente di polizia.

– Abbiamo passato due giornate piacevoli e molto fruttuose, Watson, – dichiarò, ormai del tutto libero dai sintomi del raffreddore che l'aveva perseguitato nelle ore precedenti. – Lascerò il mio buon amico, l'agente Diggins, ad arrestare la canaglia che ha distrutto quella magnifica automobile. E allo stesso tempo, restituirà la collana alla sua legittima proprietaria. Quanto a noi, caro amico, dobbiamo affrettarci se non vogliamo perdere l'ultimo treno per Londra.

Durante il viaggio, Holmes spiegò a Watson come aveva scoperto chi aveva dato fuoco alla Buick e in che modo l'incendio era legato al ritrovamento della collana della signorina Teasebury. In un'unica visita, aveva raggiunto il suo scopo di identificare il piromane *e* risolvere il mistero del gioiello scomparso.

Cosa disse a Watson?

9

Il mistero del cuculo marzolino

Quando l'elettricità cominciò gradualmente a sostituire il gas come forma d'illuminazione nelle case dei ricchi, un gran numero di affascinanti ninnoli venne prodotto per coloro che disponevano di un'affidabile fornitura elettrica. Uno di questi era l'orologio a cucú elettrico Sauber (brevetto in corso di registrazione), progettato e fabbricato a Birmingham da Gustav Strauss.

Holmes aveva ammirato alcuni di questi ingegnosi apparecchi nelle case dei suoi facoltosi clienti e aveva letto con interesse il servizio del *Daily Telegraph* sulla sfortunata morte dell'inventore. Il signor Strauss era stato trovato privo di vita nella vasca da bagno, fulminato da uno dei suoi stessi orologi.

Il giorno seguente, Holmes ricevette una visita non annunciata della vedova dell'orologiaio. Benché la polizia si rifiutasse di crederle, la signora Strauss era convinta che la morte del marito non fosse un incidente. Incuriosito, Holmes le chiese di spiegare come fosse giunta a quella conclusione.

La signora Lilly Strauss, una bella quarantenne con la testa sulle spalle, espose la sua storia con ammirevole chiarezza. Cominciò con una confessione di natura personale: lei e Gustav non si erano mai sposati. Sebbene vivessero come marito e moglie e avessero tre splendidi bambini, agli occhi della legge erano sempre stati il signor Gustav Strauss e la signorina Lilly Phillips.

La decisione di non convolare a nozze era stata di Gustav. Le aveva assicurato che non era perché avesse già una moglie, ma perché, da moderno uomo di scienza, non aveva tempo per «usanze e rituali che non erano altro che vestigia dell'era della superstizione». E siccome nemmeno Lilly era una donna di chiesa, aveva assecondato il suo desiderio.

I due si erano conosciuti poco dopo il trasferimento di Gustav dalla Svizzera a Birmingham, dove aveva aperto la fabbrica che produceva l'ormai famoso orologio a cucú elettrico Sauber. Perché Sauber e non Strauss? L'inventore le aveva detto che Sauber era il cognome da nubile di sua madre e che aveva chiamato cosí l'orologio in suo onore. Suo padre era morto quando lui aveva sei anni e sua madre dieci anni dopo. Era l'unico figlio nato dalla loro unione.

Pur non essendo un matrimonio formalizzato, l'unione tra Gustav e Lilly era stata serena. Con il moltiplicarsi delle case dotate di impianto elettrico, la richiesta dell'originale orologio era aumentata e Strauss era diventato ricco. Lui e Lilly avevano comprato una grande villa in un sobborgo immerso nel verde, avevano assunto una cuoca e una cameriera e i loro bambini erano educati privatamente. Il successo dell'orologio aveva perfino attirato l'attenzione della stampa e l'*Illustrated London News* aveva dedicato all'inventore un servizio intitolato «Un nuovo ingegno dell'era elettrica».

Fu poco dopo l'uscita dell'articolo che iniziò a verificarsi una serie di episodi inquietanti. Cominciarono ad arrivare delle lettere dall'estero, indirizzate al «Signor Sauber-Strauss». Gustav le liquidò come richieste di informazioni di un funzionario civile a Berna su una proprietà lasciatagli in eredità da una zia. Ma per quanto le definisse irrilevanti, l'arrivo di quelle lettere aveva provocato in lui una forte agitazione. Dopo aver dato una rapida scorsa al loro contenuto, le aveva subito gettate nel fuoco. Lilly, che non parlava né il francese né il tedesco, non le aveva lette.

L'agitazione di Gustav aumentò quando, a metà marzo, si sentí cantare il primo cuculo nel bosco di fronte a casa loro. Tutti convennero che l'uccello era un mese in anticipo e gli ornitologi setacciarono la foresta alla sua ricerca. Il precoce uccello migratore non venne mai trovato e quando il suo richiamo non si sentí piú, gli esperti dissero che probabilmente era morto di freddo. In tutto quel periodo, Gustav era stato insolitamente irritabile con la moglie e i figli.

– Fu circa allora che il calderaio ambulante francese cominciò a lavorare nel quartiere dove abitiamo, – disse Lilly.

Holmes alzò un sopracciglio, sorpreso, e la esortò a continuare.

Il calderaio era un tipo eccentrico, ma molto divertente. Soffriva di una fortissima miopia, era magro come un chiodo, con lunghi capelli e un'enorme barba cespugliosa. Non potendo permettersi degli occhiali, si avvicinava tantissimo ai suoi interlocutori e chiedeva con il suo marcato accento francese: «*Porfavore, avete pontole da riparore?*»

I bambini lo trovavano immensamente spassoso e l'avevano soprannominato «Signor Pontolo»! Perfino Gustav, che in un primo momento l'aveva trattato con sospetto, fu costretto ad ammettere che «faceva ridere».

Le risate, tuttavia, ebbero vita breve. La prima settimana di aprile, Lilly e i bambini andarono a far visita a sua sorella a Darlington. Aveva dato alla cuoca un paio di giorni liberi e affidato le incombenze quotidiane della casa alla cameriera. Gustav non si era opposto alla sua partenza, ma le aveva chiesto di non rimanere via troppo a lungo, perché non gli piaceva stare a casa senza di lei. Al suo ritorno, dopo quattro giorni, Lilly si stupí di trovare la cameriera che la aspettava sul gradino di casa. La giovane non la finiva piú di scusarsi. Si era presa la serata libera, aveva «bevuto qualche bicchiere» e perso le chiavi di casa. Dopo aver dormito dalla sua amica Dotty, aveva tentato piú volte di svegliare il signor Strauss per farsi aprire, ma lui non aveva risposto. Il motivo divenne evidente quando Lilly salí al piano di sopra e seguí un cavo elettrico dal pianerottolo fino al bagno.

A sentire la polizia, l'incidente era successo la sera prima. Il signor Strauss aveva collegato alla corrente uno dei suoi orologi a cucú e l'aveva appoggiato sul bordo della vasca da bagno per poterlo ammirare mentre si lavava. Evidentemente la posizione non era sicura, concluse l'ispettore, perché l'oggetto era scivolato in acqua, fulminandolo. Inoltre, il poliziotto trovò aperto il coperchio dello scrittoio nello studio, con la chiave ancora nella serratura. Il contenuto dello scrittoio era sparpagliato nella stanza, ma Lilly confermò che non mancava nulla. L'ispettore concluse che il signor Strauss doveva aver cercato qualcosa nel suo ufficio prima di decidere di fare il bagno.

Lilly non ne era convinta. Innanzitutto, disse, Gustav era pienamente consapevole di quanto fosse pericoloso maneggiare apparecchiature elettriche vicino all'acqua e non avrebbe mai portato in bagno uno dei suoi orologi. In secondo luogo, lui non lasciava mai lo scrittoio aperto. La chiave era stata presa dalla tasca della sua vestaglia, dove la teneva abitualmente. L'indumento era appeso a un gancio sulla porta del bagno... il primo posto dove un intruso l'avrebbe cercata prima di mettere a soqquadro la casa. Di conseguenza, Lilly era sicura che una persona diversa dal marito aveva aperto lo scrittoio, presumibilmente per cercare qualcosa che si trovava all'interno.

Cosa teneva Gustav nello scrittoio? chiese Holmes.

Solo i documenti di famiglia e della casa, fu la risposta. Le carte riguardanti gli affari del marito, compresi i conti, i brevetti e cosí via, erano custodite nel laboratorio Sauber.

Trovando convincente il racconto della signora, Holmes si recò a Birmingham per indagare.

Per prima cosa, esaminò l'orologio incriminato. Era diverso da tutti gli altri che aveva visto poiché non recava il nome del fabbricante sulla parte anteriore. Neppure Lilly l'aveva mai visto prima e disse che era un modello piuttosto antico, probabilmente un prototipo costruito a mano.

Dopodiché, Holmes fece una lunga chiacchierata con la

cameriera. Era stata fortunata a non essere licenziata, disse, visto che quella sera si era proprio comportata da sciocca. Siccome era la sua serata libera, era andata al Brickmaker's Arms con la sua amica Dotty per divertirsi un po'. C'erano tutti, perfino quel pazzo calderaio francese, e si erano fatti una bella cantata in compagnia. Dopo vari bicchieri di porto (aveva dimenticato esattamente quanti), aveva lasciato la borsetta a Dotty ed era andata in bagno. Al suo ritorno, l'amica stava ballando su un tavolo. Solo quando si stavano preparando per andare via, si era accorta che qualcuno aveva messo le mani nella sua borsetta. Il ladro aveva preso le chiavi di casa e le monete, ma stranamente non aveva toccato una banconota da dieci scellini.

Il calderaio francese si trovava ancora nella zona? chiese Holmes. No, rispose la cameriera. Il giorno dopo la morte del signor Strauss, si era spostato nel quartiere dov'era situata la fabbrica di orologi Sauber.

Fu là che Holmes si diresse. Trovato il calderaio che stazionava in attesa di clienti nella piazza del mercato, attaccò conversazione con lui. Mentre parlava, Holmes faceva dei piccoli passi avanti e indietro, come se fosse nervoso. In realtà, stava osservando con attenzione gli occhi dell'uomo per vedere se la sua miopia era effettivamente grave come aveva riferito Lilly. Giunse alla conclusione che non era cosí. Notò anche che una preziosa catena da orologio d'argento pendeva da una tasca interna della sua giacca, strano equipaggiamento per un uomo che si professava troppo povero per potersi permettere un paio di occhiali.

Holmes, che si rivolse all'uomo in francese fluente, apprese che veniva da Saint-Jean-de-Monts, nell'Ovest della Francia. Avendo trovato poco lavoro nella sua nativa Vandea, era venuto a cercare fortuna in Inghilterra, «dove sono i soldi». Dopo una tranquilla chiacchierata, Holmes si accomiatò, dicendo che se fosse venuto a Londra avrebbe dovuto far visita alla signora Hudson, la quale certamente aveva delle pentole da riparare.

L'uomo lo guardò in modo strano, poi sorrise e disse che, se mai fosse capitato a Londra, avrebbe senz'altro fatto visita al «signor Cottage» (lo pseudonimo con cui Holmes si era presentato).

Nell'offrire il suo invito, Holmes era passato al tedesco. Come mai, chiese, un calderaio nato e cresciuto nella Vandea conosceva abbastanza il tedesco da capire le domande del signor Cottage e rispondere nella stessa lingua? Ah! replicò l'uomo. Dopo aver lasciato la patria, aveva vissuto cinque anni ad Amburgo prima di venire a Birmingham.

«Sempre piú strano», pensò Holmes. Aveva pronunciato l'invito in *Schweizerdeutsch* (tedesco svizzero), un dialetto che il francese non avrebbe mai potuto imparare ad Amburgo. Dopodiché, l'investigatore si diresse alla piú vicina stazione di polizia e chiese che un robusto agente passasse un paio di notti insieme a lui nel laboratorio Sauber, dove si aspettava un'effrazione.

La stessa notte, alle 3, il calderaio della Vandea fu arrestato per effrazione. Seguirono altre accuse.

Che cosa stava succedendo?

10

L'AVVENTURA DEL BUSTO ATENIESE

Come abbiamo specificato altrove, non c'era luogo dove Sherlock Holmes fosse piú felice che a Londra. Piú si allontanava dalla capitale, piú si sentiva a disagio. Fu dunque con estrema riluttanza che, nella primavera del 1903, si recò ad Atene. Watson suggerisce che affrontò un viaggio cosí lungo e faticoso solo perché glielo chiese il fratello Mycroft, amico intimo di una coppia che aveva urgente bisogno del suo aiuto.

La coppia in questione erano il signore e la signora d'Arche, famosi collezionisti di manufatti antichi. Grazie alla fortuna che il padre della signora d'Arche aveva accumulato in Sudafrica, avevano messo insieme la piú bella collezione di busti autentici di filosofi greci di tutta Europa. Aristotele, Socrate, Pitagora e altri venti padri della filosofia facevano bella mostra di sé su capitelli dorici appositamente scolpiti nella galleria d'onore di Leighton Abbey, la magione di campagna della famiglia d'Arche nel Lancashire. Mancava solo Platone.

Si può dunque immaginare la felicità della coppia quando ricevette una lettera da un archeologo dilettante albanese che affermava di aver scoperto un busto di Platone di squisita fattura che era disponibile a vendere. Dopo l'invio di fotografie, fu contrattato un prezzo. Il segretario del signor d'Arche, un giovane in gamba che cinque anni prima aveva vinto una borsa di studio per la facoltà di storia a Oxford, si recò in Albania per verificare l'autenticità della statua. Una volta ricevuta la conferma che il pezzo era originale, i coniugi d'Arche decisero di approfittare dell'acquisto per fare una breve vacanza in Grecia. L'archeologo fece imballare il manufatto e lo mandò ad Atene in attesa del loro arrivo. A metà aprile, i d'Arche e i loro domestici presero l'Orient Express fino a Costantinopoli, quindi si imbarcarono su un panfilo a vapore noleggiato per condurli ad Atene. Dopo una deliziosa crociera nelle isole dell'Egeo, il panfilo attraccò al porto del Pireo alla fine del mese. Il busto fu trasportato a bordo con ogni precauzione e sistemato sul ponte. Il signor d'Arche in persona aprí la cassa per esaminare l'acquisto e, visto che l'opera rispondeva in tutto e per tutto alle sue aspettative, pagò prontamente il prezzo richiesto al soddisfattissimo archeologo.

Quella sera, i d'Arche tennero un piccolo ricevimento a bordo per sfoggiare il nuovo acquisto. Dopodiché, il busto fu richiuso nella sua cassa. Il contenitore, che misurava approssimativamente un metro per sessanta centimetri e pesava una cinquantina di chili, fu fissato con robuste corde ai montanti di entrambe le murate.

Alle 5:45 del mattino, i d'Arche furono svegliati da colpi frenetici alla porta della loro cabina. – La vostra statua, signore, – gridò il capitano quando gli fu chiesto cosa fosse successo. – Non c'è piú. Il signor Platone è scomparso durante la notte!

Holmes, accompagnato da un sudatissimo Watson, giunse ad Atene due settimane piú tardi. Gli fu riferito che la polizia locale non aveva mostrato il minimo interesse per il furto. Anche se non lo avevano mai ammesso apertamente, il signor d'Arche aveva l'impressione che non desiderassero affatto contribuire al continuo saccheggio di tesori antichi che la Grecia subiva da sempre. Purtroppo, concluse, l'investigatore inglese avrebbe dovuto lavorare da solo.

– Non del tutto, – ribatté Holmes con un sorriso sardonico, – poiché ho l'eccellente dottor Watson ad assistermi –. L'osservazione si dimostrò piú profetica di quanto Holmes potesse immaginare.

Era ovvio, concluse quando ebbe sentito tutta la storia, che il furto era stato commesso con l'aiuto, o perlomeno la conoscenza, di qualcuno a bordo. Gli fu dunque consegnata una lista delle persone che avevano dormito sul panfilo la notte della scomparsa di Platone:

Il signore e la signora d'Arche
Il signor John Harper, segretario del signor d'Arche
La signorina Philippa Bannon, segretaria della signora d'Arche
Il maggiordomo di famiglia, Thomas Plumber
Due cameriere inglesi, Ethel Whistler e Lillian Argot

Il capitano Galanos
Il primo ufficiale di macchina di Galanos
Due marinai greci

Holmes interrogò tutti personalmente o, nel caso dell'ufficiale di macchina e dei due marinai, con l'ausilio di un interprete. Solo il segretario John Harper era assente: era già tornato a Londra per organizzare il viaggio di ritorno della famiglia.

Durante la sua conversazione con la signora d'Arche, la donna riferí a Holmes («che resti tra noi, signore») che

a suo parere Harper e la sua segretaria, «la mia deliziosa, intelligente, piccola Philippa», avevano «un debole l'uno per l'altra». Non si sarebbe affatto stupita se un giorno, presto, la coppia avesse annunciato l'intenzione di sposarsi. – Come possano anche solo pensarci, guadagnando cosí poco, – concluse con un sospiro, – va oltre la mia comprensione.

Holmes annuí e chiese come mai avesse definito «intelligente» la signorina Bannon. La donna spiegò che la segretaria aveva sempre «il naso in un libro, specialmente di storia». Le sue conoscenze sull'antica Grecia uguagliavano quasi quelle di suo marito e ascoltare una conversazione tra lei e Harper era «come assistere a una conferenza in qualche università».

Dopo aver parlato con tutte le persone sulla lista, Holmes chiese di esaminare tutta la corrispondenza, per lettera e telegramma, intercorsa tra la nave e la terraferma da quando avevano lasciato Costantinopoli. Sebbene all'inizio i coniugi d'Arche fossero restii a consegnare le proprie lettere personali, dovettero cedere quando Holmes disse che, senza il loro pieno appoggio, sarebbe stato costretto ad affidare l'indagine a qualcun altro.

Holmes passò due ore a esaminare la pila di carte che gli fu consegnata. Quando ebbe finito, aveva messo da parte due telegrammi. Entrambi sembravano parlare dell'orario dei treni che la famiglia avrebbe dovuto prendere durante il viaggio di ritorno. Il primo era la copia di un telegramma inviato da Philippa Bannon a John Harper. Il secondo era la sua risposta.

Il messaggio di Philippa diceva cosí:

QUI TUTTO BENE STOP HOLMES STA INDAGANDO STOP SUGGERISCO QUESTI TRENI DA PARIGI A BOULOGNE STOP 15:25 15:71 14:15 04:80 17:08 18:15 16:42 17:99 12:63 18:98 16:45 16:50 17:06 03:78 18:82 18:62 02:60 18:12 16:42 14:10 18:05

La risposta di Harper era:

GRAZIE DEL MESSAGGIO STOP TUTTO PRONTO PER ARRIVO FAMIGLIA STOP RITENGO MIGLIORI QUESTI ORARI 17:04 12:65 17:98 18:07 13:46 12:17 04:89 18:00 17:00 18:09 04:05 04:50 14:29 18:70 15:09 03:33 17:77 00:42 17:99 12:42 17:97 18:14

Watson era talmente compiaciuto del proprio ruolo in ciò che seguí che, in via del tutto eccezionale, trascrisse interamente la sua conversazione con Holmes.

– Visto che nessun orologio va oltre i sessanta minuti, è chiaro che questi numeri non sono orari di treni, – disse l'investigatore. – Evidentemente ci troviamo di fronte a una specie di codice. Cosa ne pensate, Watson?

– Mio caro Holmes, non potete aspettarvi che io lo decifri, – fu la risposta. – Se devo essere sincero, tutta questa faccenda mi appare ingarbugliata come una lezione di storia.

Holmes fissò i telegrammi con rinnovata intensità. – Santo cielo, Watson, – esclamò piano. – Credo che abbiate ragione!

Sono date! Grazie, vecchio mio. Vediamo se riusciamo a capire a quali eventi si riferiscono.

Holmes e Watson decifrarono i telegrammi con l'aiuto di una pila di libri di storia presi in prestito dalla cabina della signorina Bannon. Holmes quindi parlò con il signor d'Arche e, sceso a terra, inviò un telegramma a Scotland Yard. Quando i collezionisti e il loro entourage (meno la signorina Bannon) rientrarono in Inghilterra, trovarono il busto di Platone, intatto, che li attendeva a Leighton Abbey.

Quali messaggi nascosti permisero a Holmes di risolvere il caso?

11

Il mistero dei filatelisti scomparsi

Come ben sanno i lettori delle storie di Sherlock Holmes, la rispettabilità pubblica della Gran Bretagna tardo-vittoriana era una sottile mano di vernice che copriva brutali eccessi e malvagità. Nessuno conosceva questo variopinto mondo sotterraneo meglio di Holmes, e il suo fiuto per le motivazioni di alcuni dei suoi rappresentanti piú estremi gli permise di risolvere un caso che aveva spiazzato gli alti papaveri di Scotland Yard: «Il mistero dei filatelisti scomparsi».

Nel giugno 1886, i giornali londinesi aggiunsero il nome di Jack Durrant, un impiegato sposato del distretto di Newington St Mary, alla già lunga lista di persone scomparse della città. Non furono rivelati altri particolari, e dato che simili incidenti erano piuttosto comuni, il fatto non fu degnato della minima attenzione dalla polizia metropolitana. Se all'epoca Sherlock Holmes se ne accorse, non ne parlò con Watson.

All'inizio di settembre dello stesso anno, la polizia mostrò molto piú interesse per l'inspiegata scomparsa di un certo Gregory Billings. E questo perché Billings, proprio come Durrant, era un impiegato sposato del distretto di Newington. L'insolita coincidenza attirò l'attenzione della stampa e divenne il principale argomento di conversazione al Golden Swan, in Cranbury Street, dove i due erano soliti incontrarsi e dove erano stati visti insieme per l'ultima volta. Entrambi erano appassionati collezionisti di francobolli e membri fondatori della Newington Stamp Society, società filatelica che si riuniva in una saletta appositamente noleggiata al piano superiore del pub.

Anche Holmes notò la scomparsa dei due filatelisti dello stesso quartiere. Tuttavia, a parte un commento ironico a Watson sui pericoli del collezionare francobolli, non mostrò alcuna intenzione di approfondire la faccenda.

Passarono due mesi. Né Durrant né Billings riapparvero, e tra la clientela del Golden Swan si sparse la voce che i due fossero fuggiti a Tahiti dove, si diceva, splendide ragazze si buttavano letteralmente addosso a qualsiasi straniero mettesse piede sull'isola. John Coleman, l'unico altro membro regolare della Newington Stamp Society, rideva di quelle insinuazioni. Chi diceva cosí non conosceva i suoi amici. Ma quando gli chiedevano di dare una spiegazione alternativa per la scomparsa dei due uomini, corrugava la fronte e diceva che «qualcosa non quadrava».

Il 5 novembre John Coleman scoprí che cosa, ma non poté rivelarlo a nessuno poiché quel giorno anche lui sparí mentre tornava a casa da sua moglie reduce dal Golden Swan. Questa volta, la notizia raggiunse la stampa nazionale e la polizia metropolitana affidò immediatamente il caso a due ispettori. Il mattino seguente, curioso di vedere con i propri occhi ciò che stava succedendo, Sherlock Holmes invitò Watson ad accompagnarlo e prese una carrozza oltre il ponte di Southwark fino a Newington.

L'ispettore Lestrade di Scotland Yard era già al lavoro sul caso. Aveva interrogato la proprietaria e i clienti abituali del Golden Swan, senza trarne alcuna conclusione. Watson riferisce che, incontrando l'ispettore per strada, Holmes gli offrí i suoi servizi «come discreto assistente». Il poliziotto rifiutò l'offerta gentilmente, ma con fermezza, affermando di «poter benissimo risolvere il caso da solo».

Holmes accettò il rifiuto con serenità. Tuttavia, invece di tornare in Baker Street, ripercorse il tragitto che i tre uomini dovevano aver seguito dal Golden Swan alle rispettive abitazioni. Per i primi quattrocento metri circa, le tre strade coincidevano: dopo aver attraversato una corte buia e maleodorante e girato intorno a una cisterna di gas arrugginita, si erano separati in una piccola piazza dove sorgeva un edificio in stile orientale in stucco e mattoni nuovi che si proclamava «il Tempio del Cristo Rivelato». Un manifesto affisso a un tabellone accanto all'ingresso principale informava i passanti che l'attuale ministro del culto era il sommo reverendo Jeremiah St John Woolfstein, «predicatore di fama mondiale, arrivato dagli Stati Uniti d'America per salvare le anime di questa città di peccatori».

Watson scrive che l'investigatore lesse con attenzione il manifesto, quindi s'incamminò di nuovo verso il Golden Swan. Dieci metri prima dell'ingresso della corte, trovò la strada bloccata da una piccola folla. Al centro, in piedi su una cassa di legno, c'era il reverendo Jeremiah Woolfstein in persona. Predicava le piú atroci pene dell'inferno, affermando che chi non avesse dato retta alle sue parole sarebbe stato punito «come scritto nel Libro di nostro Signore». Se i londinesi non avessero messo fine alle loro pratiche malvagie, pentendosi dei propri peccati, avvertiva, «il Signore Iddio avrebbe di certo spazzato la loro città dalla faccia della Terra come aveva fatto con Sodoma e Gomorra».

Quando una donna tra la folla gridò che erano tutte sciocchezze, e che il predicatore avrebbe fatto meglio a «tornarsene in America», Woolfstein puntò un dito contro di lei e urlò: – Babilonia la grande è caduta, poiché tutte le nazioni hanno bevuto il vino dell'ira provocata dalla sua depravazione –. E alzando la voce fino a trasformarla in un urlo isterico, concluse: – Dài retta al Libro dell'Apocalisse, donna malvagia! Là sono scritti i tormenti riservati agli empi.

A questo punto, vari uomini e donne protestarono, dicendo a Woolfstein che non aveva il diritto di insultare una donna onesta. L'uomo si accorse di stare perdendo il favore della folla e cambiò tattica. Sfoderò un ampio sorriso, spalancò le braccia e disse che i londinesi onesti si sarebbero sicuramente salvati se avessero seguito la retta via del Signore, una via che, dal Tempio del Cristo Rivelato, portava direttamente in cielo.

Udito ciò, scrive Watson, Holmes scosse la testa, girò i tacchi e si incamminò verso la libreria piú vicina. Una volta entrato, informò il proprietario che aveva bisogno di «conforto spirituale» e chiese se poteva dare un'occhiata alla sezione dei libri religiosi. L'uomo non sollevò obiezioni.

Tre giorni piú tardi, il 9 novembre, il mistero dei filatelisti scomparsi prese all'improvviso una piega raccapricciante. Al loro risveglio, i cittadini del distretto di Newington scoprirono che i corpi di Durrant, Billings e Coleman erano stati trovati in Colombo Street, accanto a Newington Butts. Erano stati depositati lí durante la notte, con la schiena appoggiata a dei pali di lampioni. Sebbene i primi due fossero in avanzato stato di decomposizione, era chiaro che tutti e tre erano stati orribilmente mutilati al momento della morte.

Poco dopo colazione, un visibilmente scosso ispettore Lestrade si presentò a casa di Holmes e chiese il suo aiuto. Sapeva che le collezioni di francobolli potevano essere molto preziose, ma non aveva mai incontrato nessuno pronto a uccidere per mettere le mani su una di esse. Non aveva nessuna pista da seguire e «il pubblico esigeva che il colpevole di quegli efferati delitti venisse rapidamente arrestato e portato davanti alla giustizia».

Holmes accettò di aiutare il disperato ispettore. Con un luccichio negli occhi dichiarò che, pur non potendo offrire alcuna garanzia, aveva una o due piste promettenti da seguire.

Per prima cosa, esaminò i cadaveri degli uomini scomparsi. Le costole e lo sterno di Jack Durrant erano spezzati in vari punti, il che suggeriva che il corpo fosse stato schiacciato da un oggetto pesante. Al contrario, i resti mummificati di Gregory Billings non sembravano presentare alcun segno sospetto. Tuttavia, esaminando attentamente i polsi con la lente d'ingrandimento, Holmes identificò una serie di minuscoli fori. Un'unica occhiata al corpo di John Coleman fu sufficiente a rivelare la causa della morte. I piedi e la parte inferiore delle gambe erano bruciati e l'espressione di inesprimibile angoscia che era rimasta impressa sul suo volto suggeriva che era spirato tra atroci sofferenze.

Dopo aver lasciato l'obitorio, Holmes si recò in una locale biblioteca pubblica. Là, consultò la sezione finale di una voluminosissima e nerissima Bibbia di re Giacomo, trascrivendone alcuni versetti, con i rispettivi numeri, su un pezzo di carta. Quindi tornò a Newington per interrogare le vedove delle vittime, operazione tutt'altro che piacevole. Dopo molte lacrime e parole di commiserazione, Holmes riuscí a ottenere le risposte di cui aveva bisogno. Jack Durrant era scomparso la notte di mercoledí 16 giugno. La signora Durrant disse che era andato a una riunione della Newington Stamp Society al Golden Swan. La sua collezione di francobolli, che custodiva in una cartella di cuoio fuori dalla portata sua e dei bambini, non era in casa. Come aveva già spiegato all'ispettore Lestrade, immaginava che l'aggressore gliel'avesse rubata.

La signora Billings forní risposte simili. Suo marito era uscito di casa domenica 5 settembre per partecipare a una riunione della NSS al Golden Swan, da cui non era mai tornato. La sua collezione di francobolli, che la signora Billings non aveva mai visto ma che il marito portava sempre in una borsa di tela, era anch'essa sparita.

Holmes incontrò Watson mentre andava a parlare con la signora Coleman. – Sento il cappio stringersi intorno al collo dell'assassino, – gli confidò con entusiasmo. – Mi servono ancora due prove, poi sarò in grado di affidare il caso a Lestrade, che effettuerà i debiti arresti.

La signora Coleman, il cui marito era scomparso appena tre giorni prima e che era venuta a sapere della sua orribile

morte soltanto quella mattina, era troppo sconvolta per riuscire a parlare con chiunque dei movimenti del suo amato John. Per fortuna di Holmes, la sua sorella maggiore, la signora Winnifred Pollard, che abitava solo tre porte piú giú nella stessa strada, era piú che disponibile a parlare. Sí, sapeva che il cognato era membro della NSS e che frequentava le riunioni della società nella stanza al primo piano del Golden Swan. E no, per quanto ne sapeva lei sua sorella non aveva nessun interesse per la sua collezione di francobolli. A dire il vero, la signora Coleman non l'aveva mai vista, anche se sapeva che il marito la portava sempre alle riunioni in una valigetta di pelle di vitello.

Holmes ringraziò la signora Pollard dell'aiuto e s'incamminò a passo svelto verso il Golden Swan. La proprietaria, un'anglicana timorata di Dio che si rifiutava di servire alcolici la domenica o il giorno di Ognissanti, fu felice di ripetere a Holmes tutto quello che aveva già detto all'ispettore Lestrade. Aveva affittato alla Newington Stamp Society la saletta al primo piano a una quota mensile di due scellini. I tre membri della società erano tipi riservati, che non le avevano mai causato guai.

Aveva mai visto le loro collezioni di francobolli?

No. Gli uomini stavano molto attenti a tenere nascosti i loro libri. Una volta aveva interrotto una riunione per chiedere se poteva portare loro una tazza di tè e Coleman aveva addirittura buttato la giacca sul tavolo per nascondere ciò che vi si trovava.

Non le era sembrato strano?

– Forse un po', – confessò la donna. – Ma non ci badai troppo, visto che quei gentiluomini erano cosí cortesi. Infatti, – continuò, – qualche mese fa sono stati tanto buoni da intervenire in mio soccorso.

Holmes le chiese di spiegarsi. A inizio giugno, disse, poco dopo il suo arrivo in Inghilterra, il reverendo Woolfstein aveva cominciato la sua missione a Londra predicando fuori dal Golden Swan. Il pub, aveva sentenziato, era un covo di iniquità, una cloaca di ubriaconi presidiata da una svergognata servitrice della progenie di Roma.

La proprietaria del locale era uscita a protestare e lo aveva invitato ad allontanarsi. Il suo rifiuto, accompagnato da un fiotto di invettive bibliche, era stato udito dai tre membri della NSS, sopraggiunti in quel momento per una delle loro riunioni. I tre erano immediatamente intervenuti in suo appoggio. Avevano canzonato il predicatore citando versi della Bibbia. La loro conoscenza delle Sacre Scritture l'aveva a dir poco sorpresa, visto che non li aveva mai visti in chiesa. Dopo un feroce scambio di insulti biblici, Woolfstein era sceso dalla sua cassa e si era allontanato in preda alla rabbia. La proprietaria del pub aveva visto Billings tentare di mettergli in mano un volantino. Dopo averci dato una rapida occhiata, il predicatore aveva incenerito con lo sguardo i suoi tre avversari, quindi era sparito in direzione del suo tempio. Mentre rientrava nel pub, la donna aveva notato che i suoi coraggiosi salvatori stavano distribuendo altri volantini tra la folla.

– Avete visto di cosa trattavano? – domandò Holmes.

– A dire il vero no, – rispose lei. Immaginava che fossero inviti a entrare nella società filatelica, visto che in cima recavano la sigla NSS stampata a grosse lettere.

All'udire ciò, Holmes ringraziò la donna per le sue risposte chiare e utili. Mezz'ora piú tardi, dopo un'altra visita alla biblioteca locale per controllare i nomi delle associazioni con sigla NSS, raggiunse Lestrade e gli suggerí di arrestare per omicidio il reverendo Woolfstein e i suoi piú stretti seguaci e di effettuare un'accurata perquisizione del Tempio del Cristo Rivelato.

Tre mesi dopo, il reverendo Woolfstein e tre membri della sua congregazione furono impiccati per il rapimento e l'omicidio di Jack Durrant, Gregory Billings e John Coleman.

Come aveva fatto Holmes a dedurre la loro colpevolezza?

12

Un caso di banane

Gran parte dei casi a cui Holmes lavorava venivano portati alla sua attenzione in modo diretto, spesso da una visita personale, una lettera o un telegramma. «Un caso di banane» è un'eccezione. Il suo coinvolgimento in questo singolare caso è dovuto alla sua abitudine di leggere ogni mattina i quotidiani del giorno.

Martedí 29 agosto 1895, la sua attenzione fu attirata da un breve trafiletto sul *Daily Chronicle*. L'articolo riportava quanto segue:

Una morte accidentale

In merito allo sfortunato decesso del dottor Robert Matteson lo scorso 15 agosto, il coroner William Dennis ha emesso il responso di «morte accidentale». La decisione non ci sorprende affatto. Probabilmente i lettori ricordano che il dottor Matteson, un entusiasta sostenitore dell'alimentazione sana, si faceva spedire regolarmente casse di frutta esotica dalle colonie. Il giorno della morte, aveva ricevuto vari caschi di banane dalla Giamaica. Due giovani ragni velenosi erano rimasti in mezzo ai frutti senza che nessuno se ne accorgesse né al momento della raccolta, né durante il trasporto attraverso l'Atlantico, né quando la cassa era stata scaricata, a Tilbury. Sfortuna volle che, mentre il dottor Matteson staccava una banana da uno dei caschi, la sua mano entrasse in contatto con entrambe le creature mortali. Uomini adulti sono sopravvissuti al morso di un ragno delle banane, ma il veleno di due esemplari è sicuramente fatale. E tale si dimostrò per il dottor Matteson, che morí nel giro di un'ora.

Mentre Watson riteneva la storia triste ma irrilevante, l'articolo mise Holmes su una pista che portò all'incriminazione per omicidio e alla seguente impiccagione della moglie

del dottor Matteson, Dorothy, e del suo amante, George Gilbertson.

Concluso il caso, Watson, sbalordito per l'ennesima volta dalle capacità di deduzione dell'amico, gli chiese cosa gli avesse fatto sospettare l'omicidio.

Sappiamo che, a questo punto, Holmes gli rivolse un sorriso sardonico e accese la pipa. – Elementare, mio caro Watson, – disse, usando la sua celeberrima frase. – I miei sospetti si sono destati nel momento in cui ho letto com'è morto lo sfortunato signor Matteson...

13

Assassinio nella stanza 327

Venerdí 14 marzo 1879, il giovane Sherlock Holmes stava lasciando Scotland Yard dopo un incontro con Lestrade quando fu raggiunto da un anziano ispettore in vena di chiacchiere, Douglas Grimes.

Grimes era nelle forze di polizia da piú a lungo di quanto chiunque potesse ricordare e canzonò bonariamente Holmes per la sua giovinezza e mancanza d'esperienza.

– Potreste imparare molto da me, giovanotto, – millantò. – Non esiste essere umano vivente che conosca il mondo criminale di Londra meglio di me. Spesso, per risolvere un delitto, non devo far altro che dare una rapida occhiata. Prendete il caso di cui mi sto occupando in questo momento... mi sono già fatto un'idea piuttosto precisa di quello che è successo. Perché non venite con me, cosí vedete come si fa?

In seguito, Holmes disse a Watson che aveva accettato l'invito di Grimes per imparare come *non* condurre un'indagine.

Mentre si dirigevano verso la scena del delitto, il corpulento Grimes raccontò ciò che sapeva del caso. Quella mattina, Albert Higginbottom, un fabbricante di armi di Sheffield, sposato, trent'anni, era stato trovato morto nella stanza 327 del Royal Staffordshire Hotel, dietro Soho Square. Era stato pugnalato con una baionetta fabbricata dalla sua stessa azienda. La punta dell'arma era rimasta incastrata, segno che il colpo era stato molto potente.

Il dottore che effettuò il primo sopralluogo della scena del delitto dichiarò che il signor Higginbottom era morto all'istante. Notò anche dei profondi graffi sulla guancia destra e sulla mano sinistra della vittima; secondo la sua valutazione, quelle ferite erano state inflitte tra le trentasei e le settantadue ore precedenti, molto prima della pugnalata fatale. Un'occhiata sotto la camicia da notte del defunto rivelò che l'uomo era affetto da sifilide.

Non c'erano segni che fosse stato portato via qualcosa dalla stanza, il che escludeva il movente del furto.

Una foto sgualcita nel portafogli di Higginbottom lo ritraeva in abito scuro accanto a una graziosa signora vestita da sposa e a un giovanotto elegante. La sposa e l'uomo piú giovane, mano nella mano, erano talmente simili per aspetto e statura (capelli biondi e lisci e lineamenti innocenti, quasi infantili) che dovevano essere gemelli. Sul retro della foto, in matita rossa, c'era scritta la data «21 luglio 1878».

L'altro oggetto interessante nel portafogli era un conto del dottor James Gumpert al civico 25 di Ribble Mansions, Sheffield, datato 8 marzo, «per il trattamento di una frattura all'avambraccio». Il medico che esaminò il cadavere di Higginbottom disse che nessuno dei suoi avambracci si era mai fratturato.

La valigetta di Higginbottom conteneva soltanto vestiti. Nella sua cartella per documenti c'erano un catalogo di prodotti fabbricati dalla Higginbottom & Co. e una lettera di un certo signor Mustafa Tekin riguardo a un appuntamento al Midland Grand Hotel mercoledí 12 marzo per discutere l'acquisto di cinquecentomila proiettili.

Quando Holmes e Grimes giunsero all'hotel, il corpo era stato rimosso, ma non gli effetti personali del defunto. Mentre l'anziano ispettore andava a parlare con il portinaio che era stato in servizio quella notte, Holmes esaminò la baionetta e il catalogo.

Usando una lente, riuscí a leggere l'iscrizione «Hig no. 11004 69» sulla lama dell'arma. Cercando la voce «baionette» nel catalogo, constatò che una grossa partita di quelle armi (con i numeri di serie dall'11006 al 15000) era «già venduta». Una nota a piè di pagina spiegava che i numeri dall'11000 al 11005 erano campioni non in vendita e che la produzione di baionette era stata interrotta nel 1876.

Holmes scese al piano di sotto e trovò Grimes in un ufficio dietro il banco della reception, occupato a interrogare un nervosissimo portinaio. L'uomo conosceva «piuttosto bene» il defunto signor Higginbottom poiché aveva pernottato piú volte al Royal Staffordshire durante l'anno passato. In genere si fermava tre notti, e ogni volta (compresa l'ultima) una signorina gli aveva fatto visita in camera. Sempre velata, e con indosso un cappotto scuro lungo fino alle caviglie, arrivava intorno alle 23 e se ne andava tre o quattro ore piú tardi. In ogni occasione, a parte l'ultima, uscendo gli aveva infilato mezza corona in mano.

Grimes si asciugò la fronte e chiese della visita di quella notte. Il portinaio disse che la signora era arrivata piú tardi del solito, poco prima di mezzanotte, e si era fermata solo un quarto d'ora.

Le aveva parlato? No, era entrata in silenzio mentre lui leggeva l'*Evening Standard* e si era accorto della sua presenza quando ormai era già su per le scale. Se n'era andata in gran fretta, senza dire una parola e dimenticandosi della consueta mancia.

Grimes si asciugò di nuovo la fronte. Il portinaio aveva l'indirizzo della signora? Quando l'uomo esitò, il poliziotto lo esortò a non essere sciocco e gli fece delle minacce non troppo velate sulle pene per i protettori. A quel punto, il portinaio disse che l'albergo era sempre attento a soddisfare qualsiasi richiesta degli ospiti e che, sí, conosceva l'indirizzo di una signora che offriva un servizio di lavanderia. Forse era la persona che stavano cercando.

Mentre Holmes e Grimes lasciavano l'albergo, apparve un agente con un telegramma indirizzato all'ispettore. Era la risposta della signora Higginbottom al suo invito a recarsi a Londra il prima possibile per aiutare la polizia in una questione riguardante il marito.

– Abbiamo bisogno che qualcuno identifichi ufficialmente il cadavere, – spiegò Grimes. – Ricordatevelo sempre quando vi occuperete di un caso, Holmes.

Il telegramma della signora Higginbottom diceva cosí:

MI SCUSO IMPOSSIBILITATA A VIAGGIARE STOP FERITA GRAVEMENTE IN INCIDENTE IN CARROZZA STOP MIO FRATELLO TOM PRENDERÀ MIO POSTO STOP LO STO ASPETTANDO STOP ARRIVERÀ STAZIONE ST PANCRAS STASERA STOP AGNES HIGGINBOTTOM

Grimes dichiarò che un cognato sarebbe andato altrettanto bene di una moglie e invitò Holmes ad accompagnarlo a effettuare l'arresto della «lavandaia». Holmes, alquanto sorpreso da tale affermazione, disse che, se Grimes poteva scusarlo, aveva alcuni affari di cui occuparsi.

Dopo aver inviato due telegrammi, uno al dottor Gumpert e un altro alla centrale di polizia di Sheffield, Holmes si recò ai gabinetti pubblici della stazione di St Pancras. Iniziò dai bagni maschili, dove attaccò conversazione con l'inserviente sulle stravaganze del suo mestiere. Scommetteva, disse, che l'uomo incontrava ogni sorta di tipi strampalati.

– Oh, sí, signore, – fu l'allegra risposta. – Proprio ieri un tizio dall'aria effeminata è entrato con una grossa valigia, si è chiuso in un cubicolo ed è uscito vestito da donna!

Avendo appreso che la trasformazione era avvenuta intorno alle 23, che l'uomo era biondo, di bassa statura e che se n'era andato con indosso un velo e un lungo cappotto nero, Holmes ringraziò l'inserviente per avergli fatto fare «un cosí affascinante viaggio nella natura umana» e passò al bagno delle signore.

Qui, incontrò piú difficoltà. La donna che era stata in servizio dalle 22 di giovedí sera era già tornata a casa e la sua sostituta guardava con sospetto qualsiasi uomo si avvicinasse al suo bagno e tentasse di attaccare discorso. Dopo aver resistito alle domande di Holmes per cinque minuti, disse che avevano avuto abbastanza guai di recente «con quell'uomo vestito da donna che era entrato quella mattina mentre la povera Marj era girata dall'altra parte», e che se Holmes non «fosse filato via all'istante» avrebbe chiamato la polizia.

Holmes si scusò per il disturbo, la ringraziò dell'aiuto e

si allontanò prontamente. Sulla strada per Scotland Yard, fece una capatina in Baker Street per leggere le risposte ai suoi telegrammi. Quello del distretto di polizia di Sheffield diceva semplicemente: NULLA DA SEGNALARE.

Il dottor Gumpert fu ancor meno d'aiuto: NON POSSO RIVELARE A ESTRANEI PARTICOLARI SUI PAZIENTI STOP SOPRATTUTTO TRATTANDOSI DI UNA SIGNORA STOP SENTITE SCUSE

Holmes trovò Grimes che lo aspettava a Scotland Yard, gongolante come un gigantesco cherubino. – Ve l'avevo detto che era chiaro come la luce del sole, vero, Holmes? Imparate dal vecchio Grimes: dietro ogni delitto c'è quasi sempre una donna malvagia. Nel nostro caso, è Maggie Jones.

Spiegò che, al momento dell'arresto, la signorina Jones aveva ammesso di aver fatto piú volte visita ad Albert Higginbottom durante i suoi soggiorni a Londra, ma aveva giurato di non essere andata nella stanza 327 la notte prima perché un gentiluomo con lineamenti da bambino e accento del Nord era andato da lei, l'aveva pagata generosamente e aveva detto che quella sera il suo amico Higginbottom non aveva bisogno dei suoi servizi.

C'era qualcuno che potesse confermare la sua storia? aveva chiesto Grimes. Aveva un alibi? No, ovviamente no. La donna doveva aver litigato furiosamente con Higginbottom, spiegò l'ispettore, forse per questioni di denaro, e l'aveva pugnalato con una delle sue baionette quando lui si era rifiutato di pagare la somma richiesta. Era naturale che non avesse dato la mancia al portinaio visto che quella notte non era stata pagata, giusto? La storia dei soldi ricevuti dal misterioso gentiluomo «era la tipica improbabile panzana che inventavano quelle come lei».

– Spesso è cosí, – osservò Holmes, – ma in questo caso credo che la signorina stesse dicendo la verità. Avete arrestato la persona sbagliata, Grimes!

Che prove aveva Holmes a supporto di questa osservazione, e secondo lui chi era il vero assassino del fabbricante d'armi di Sheffield?

Il dito del truffatore

Umbrigg Vaultson, scrive Watson, aveva molti nemici. A sentire un amico del dottore che lavorava nella City, il milionario aveva fatto fortuna convincendo centinaia di comuni cittadini a investire i risparmi di una vita in un programma ottimisticamente chiamato «Generatore di ricchezza universale». Come il progetto potesse creare ricchezza per chiunque non fosse il suo ideatore non fu mai chiaro, e quando la speculazione esplose, nel 1889, lasciando sul lastrico molti dei suoi finanziatori, i saccentoni di Threadneedle Street scossero la testa e dissero che l'avevano previsto fin dall'inizio.

Vaultson, uscito indenne dal crollo, acquistò due case da gran signore, una al numero 14 di Berkeley Square, a Londra, l'altra a Fortune Towers, una magione in stile neogotico vicino alla cittadina di Berkhamsted, nell'Hertfordshire. Per un po', parve non subire le conseguenze della sua gigantesca truffa. Ma alle 17:30 del 23 febbraio 1879, fu rapito mentre percorreva in carrozza il lungo viale alberato della sua villa di campagna.

L'attacco era stato pianificato con cura. Mentre affrontava una curva, la carrozza di Vaultson fu fermata da tre uomini mascherati a cavallo. Uno rimase di guardia e gli altri due, che impugnavano delle pistole, spalancarono lo sportello, afferrarono Vaultson e lo trascinarono fuori.

In quel momento, un carro che trasportava i bagagli del milionario sopraggiunse rumorosamente alle loro spalle. Colti di sorpresa (in genere, gli effetti personali di Vaultson venivano spediti in precedenza), i rapitori si fecero prendere dal panico.

Mentre i due assalitori piú alti obbligavano la vittima, pistola in pugno, a distendersi di traverso sulla sella di un quarto cavallo e gli facevano perdere i sensi con un violento

colpo in testa, il terzo estrasse due pezzi di carta dalla tasca della giacca e li gettò sul sedile della carrozza. Poi imprecò e fece per recuperarne uno, ma prima che riuscisse a farlo fu urgentemente richiamato dagli altri. I tre malviventi si dileguarono al galoppo nell'oscurità con il corpo privo di sensi di Umbrigg Vaultson.

Non appena furono soli, il cocchiere e il domestico che aveva accompagnato l'uomo d'affari esaminarono i biglietti rimasti nella carrozza. Il primo era una vera e propria richiesta di riscatto, composta con lettere ritagliate dal *Daily Telegraph* e incollate su un foglio di taccuino. Entro una settimana dovevano essere consegnate ai rapitori cinquantamila sterline. Nel caso la polizia fosse stata informata, o la somma non pagata, il prigioniero sarebbe stato ucciso.

Il secondo biglietto conteneva due righe di lettere senza apparente senso compiuto sopra il disegno di una mazza da golf di tipo «bulger».

RTNDIAQIEGUCNGEITIQP
ROUMOCIDOINOSUG

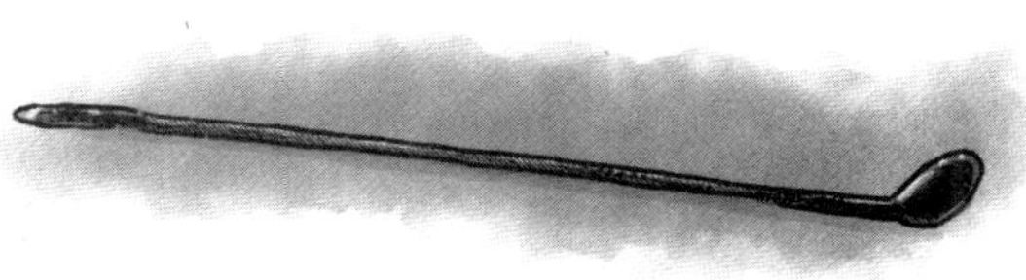

La moglie e i due figli di Vaultson ignorarono il secondo biglietto, ritenendolo una specie di brutta copia della richiesta di riscatto. Ignorarono anche il riscatto finché, una settimana dopo il rapimento, un pacco anonimo fu recapitato a Fortune Towers.

Dentro c'erano un dito del milionario e un altro biglietto composto da lettere incollate, il quale informava che finché, il riscatto non fosse stato pagato, sarebbero seguite altre parti del corpo.

Il giorno seguente, la signora Vaultson e il figlio maggiore si presentarono da Sherlock Holmes per chiedere il suo aiuto. Benché l'investigatore non nutrisse molta simpatia per il milionario disonesto, ne nutriva ancor di meno per il crimine e, dopo aver concordato un'adeguata parcella, si impegnò a indagare sul caso in via strettamente confidenziale.

Si concentrò subito sulle lettere prive di senso scritte sul secondo foglio di carta trovato nella carrozza. Dopo averle esaminate per qualche tempo, si mise al lavoro con carta, penna, forbici... e una mazza da golf. Quando ebbe finito, scrisse un telegramma alla signora Vaultson chiedendo se tra i suoi dipendenti ci fosse un uomo di nome Douglas. La risposta arrivò quasi immediatamente: sí, sei mesi prima avevano assunto Douglas Telford come tutore per il loro figlio minore.

– Il che significa, mio caro Watson, – disse Holmes con un sorriso sardonico, – che siamo sulla buona strada per concludere questa incresciosa faccenda.

Cos'aveva scoperto Holmes?

Il mistero dei capolavori scomparsi

Per diversi anni, Watson fu convinto che Holmes non se ne intendesse affatto di arte. Questa opinione cambiò dopo il caso del *Mastino dei Baskerville*, in cui l'investigatore identificò correttamente l'opera di importanti pittori. Il dottore, quindi, non rimase troppo sorpreso quando un funzionario di corte contattò Holmes per chiedere la sua assistenza nel recupero di quattro capolavori del diciassettesimo secolo di valore inestimabile, trafugati dalla collezione reale del castello di Windsor.

Su richiesta del principe di Galles, il furto era stato tenuto segreto. Tuttavia, le dogane di tutti i porti erano state allertate. In particolare, avevano l'ordine di perquisire i bagagli e gli effetti personali di qualsiasi collezionista d'arte desiderasse lasciare il paese.

Dopo che Holmes ebbe accettato il caso, gli furono forniti altri dettagli. Le opere rubate, tutte preziosissime e racchiuse in elaborate cornici dorate, erano rappresentazioni di nudi femminili. La piú piccola misurava 1,07 per 0,45 metri e la piú grande 2,44 per 1,67 metri. Le altre due misuravano entrambe 1,41 per 1,14 metri.

Il furto era avvenuto di notte, con meticolosa precisione, per mano di abili ladri di opere d'arte che avevano corrotto una guardia del castello. Holmes sapeva per esperienza che simili criminali operavano sempre con in mente un compratore. Dopo che il funzionario ebbe lasciato Baker Street, l'investigatore consultò i suoi ritagli di giornale allo scopo di redigere una lista di collezionisti di Rembrandt, Van Dyck e altri maestri del diciassettesimo secolo.

Holmes riteneva estremamente probabile che i dipinti fossero stati rubati per ordine di una delle persone elencate nella lista. Inoltre, visto che il ladro avrebbe certamente desiderato esporli, piuttosto che tenerli chiusi in cantina, si potevano escludere i residenti nel Regno Unito. Holmes mostrò i nomi rimasti a un contatto che lavorava alla National Gallery. Senza rivelare il motivo della richiesta, domandò quali delle persone sulla lista fossero solite acquistare opere d'arte in Gran Bretagna per poi spedirle all'estero. La risposta gli permise di restringere la lista a dieci persone.

Il passo successivo fu informarsi presso Scotland Yard dell'integrità di quei nomi. Gli fu detto che sette non avevano precedenti penali, mentre tre avevano avuto a che fare con la legge in passato oppure erano stati seriamente sospettati di un reato. Uno dei tre, l'italiano duca di Capraia, era stato assassinato l'anno precedente, dunque restavano solo due sospetti: Hildereena Granwerther del New Jersey e il conte Lekszi Végh di Budapest.

Holmes sapeva che era assolutamente possibile che entrambi fossero innocenti, ma avendo poco altro su cui basarsi, proseguí nella sua linea d'indagine e ben presto ebbe a disposizione dei sostanziosi incartamenti sull'americana e sull'ungherese. E piú cose sapeva, piú aveva la certezza che dietro il furto ci fosse uno di loro.

La ricchezza della signora Granwerther derivava dal defunto marito, un fabbricante di ribattini di grande successo. Dopo la sua morte, la donna era entrata nel mercato immobiliare e aveva decuplicato la propria fortuna attraverso una serie di affari che, si mormorava, non avevano escluso l'estorsione, e nemmeno l'omicidio. Quando la costa orientale degli Stati Uniti era diventata troppo pericolosa per lei, si era trasferita a Parigi e per un po' si era concentrata sull'ampliamento della sua collezione di opere d'arte e mobili antichi.

Due anni dopo, alla ricerca di nuovi traguardi, la signora Granwerther aveva acquistato una seconda casa, a Londra, ed era entrata nel mercato immobiliare inglese, ancora una volta con straordinario successo. Tuttavia, girava voce che, proprio come negli Stati Uniti, i suoi metodi fossero piuttosto privi di scrupoli. Si diceva che a Parigi stesse ampliando la sua preziosissima collezione di dipinti e mobili in modo altrettanto equivoco, e ormai tutte le gallerie e le case d'asta rispettabili rifiutavano di collaborare con lei. Nonostante ciò, la sua sete di nuove acquisizioni era inestinguibile.

Il conte Lekszi Végh era un personaggio molto piú diretto. Non faceva alcuno sforzo per nascondere il fatto di non nutrire il minimo rispetto per la legge, sia in patria sia in Gran Bretagna. Aveva ereditato un'immensa proprietà in Ungheria, al centro della quale sorgeva un palazzo che, nei suoi ambiziosi progetti, sarebbe diventato la «capitale artistica del mondo». A tale scopo, utilizzava il patrimonio di famiglia, accresciuto dai proventi del traffico d'armi e, si diceva, di schiavi, per acquistare opere d'arte, mobili e preziosi arazzi dovunque riuscisse a trovarne. La polizia italiana era sicura che le recenti sparizioni dal Vaticano di opere di Raffaello, Tintoretto e Tiziano fossero opera sua. Come la signora Granwerther, il conte era *persona non grata* in tutte le maggiori gallerie d'arte e case d'asta di Londra.

Holmes sapeva (e certo lo sapevano i due sospettati) che, se avessero lasciato la Gran Bretagna, le loro proprietà sarebbero state minuziosamente perquisite. Se uno di loro era in possesso dei dipinti rubati, si chiese, come avrebbe tentato di trasportarli fuori dal paese? Probabilmente, la risposta era nasconderli in un luogo dove nessun funzionario della dogana avrebbe mai pensato di guardare, magari dentro qualcosa che non apparteneva nemmeno ai sospettati oppure che era in loro possesso da breve tempo.

Gibbins & Dang, una piccola casa d'aste del distretto londinese di Whitechapel, era una delle poche che accettavano ancora di lavorare con la signora Granwerther e il conte Végh. Holmes apprese questo dettaglio esaminando i dossier sui sospetti, e quando venne a sapere che la G&D (come era comunemente conosciuta) avrebbe tenuto un'asta di mobili francesi del diciottesimo secolo dopo due settimane, disse a Watson che probabilmente vi avrebbe partecipato. Prima, però, doveva svolgere un'ultima indagine.

Sfoggiando un bel paio di baffi e il soprabito di lino marrone tipico dei maestri mobilieri, Holmes si presentò alle residenze londinesi dei due sospetti. Avevano forse mobili antichi da restaurare? In entrambi i casi, ottenne un netto rifiuto.

La governante della signora Granwerther gli assicurò che i mobili affidati alle sue cure erano in perfette condizioni. Il maggiordomo del conte, un ex soldato dal volto paonazzo e con un braccio solo, disse a Holmes in un inglese zoppicante che, tre settimane prima, tutti i mobili che avevano bisogno di essere restaurati erano stati mandati a un laboratorio privato. No, non avrebbe risposto ad altre domande indiscrete, e se il signor Makepiece (nome con cui Holmes si era presentato) non se ne fosse andato immediatamente, avrebbe chiamato la polizia.

Quella sera, a cena, l'investigatore assicurò a Watson che le sue visite erano state «molto illuminanti» e che avrebbe partecipato all'asta di Gibbins & Dang.

La mattina della vendita, Holmes emerse dal suo spogliatoio nei panni di monsieur Vincent de Béarn, un eccentrico mercante d'arte parigino. Dopo aver testato il suo accento sulla signora Hudson, che non capí una parola di quello che le disse, prese una carrozza e si fece portare alla sala d'aste.

Arrivò puntuale, si presentò al banditore e al personale, quindi passò in rassegna gli articoli in offerta. Mostrò speciale interesse per un tavolo Luigi XIV dalle elaborate gambe intagliate, per due sedie dallo schienale alto del regno di Luigi XV e per una *chaise longue* Luigi XVI. Dopo aver esaminato ogni pezzo con la lente, Holmes sollevò con cura le sedie da terra, in apparenza per esaminarne i piedi. Alla fine, sottolineò i prezzi di partenza sul catalogo e prese posto in sala.

Vennero battuti quindici lotti prima che monsieur de Béarn si mostrasse interessato a quello che stava succedendo in sala. A quel punto, la signora Granwerther e il conte avevano già acquistato ciascuno tre piccoli pezzi. Nessuno dei quindici lotti era stato venduto a piú di qualche sterlina sopra il prezzo di partenza.

Il lotto numero 16 era la coppia di sedie Luigi XV. Per un po', l'americana e l'ungherese furono in competizione e alzarono il prezzo fino alla cifra ragguardevole di 175 sterline. A quel punto, la signora Granwerther si ritirò. Il conte sorrise soddisfatto e la sua offerta fu chiamata per la seconda volta.

Ma prima che calasse il martello, e per lo stupore di tutta la sala, monsieur de Béarn entrò in gara con un'offerta di 180 sterline. Il conte corrugò la fronte e alzò l'offerta a 185. Il parigino sospirò e offrí 200 sterline. A quel punto, le sedie avevano di gran lunga superato il prezzo di partenza.

Tra la meraviglia e il divertimento del resto della sala, la battaglia tra l'azzimato francese e l'arcigno ungherese continuò per altri sette minuti. Alla fine vinse l'ungherese, ma non prima che i pezzi, per nulla straordinari, raggiungessero la cifra stratosferica di 690 sterline.

A quel punto, monsieur de Béarn si alzò, fece un cenno di saluto al banditore e lasciò la sala. Mentre usciva, lo si udí sussurrare cortesemente al suo rivale: – *Désolé, monsieur le Comte.* Congratulazioni per il vostro acquisto... *mais je suis sûr* che valgono molto piú della somma che pagherete, *n'est-ce pas?*

Il conte gli lanciò uno sguardo carico di sospetto, quindi rivolse di nuovo l'attenzione all'asta. C'erano altri pezzi che desiderava acquistare.

Il mattino dopo, in seguito a un'irruzione della polizia nella sede di Gibbins & Dang, dove si trovavano ancora gli articoli venduti all'asta il giorno precedente, il conte Lekszi Végh fu arrestato con l'accusa di appropriazione di beni rubati: quattro capolavori del diciassettesimo secolo trafugati un mese prima dalla collezione reale.

La polizia aveva agito in base a una soffiata di Sherlock Holmes. Quale prova della colpevolezza del conte aveva fornito loro?

16

Il caso dell'uovo portagioie

Gli appunti di Watson rivelano che, in piú di un'occasione, Sherlock Holmes fu fatto intervenire per mettere le cose a posto dopo che la polizia regolare aveva preso una madornale cantonata. Un caso simile emerse in seguito alla morte violenta, e del tutto evitabile, del noto criminale londinese Charles Stannard-Smith, detto «Charlie l'Intellettuale».

Smith era noto come uno dei piú intelligenti ed eccentrici criminali della sua generazione. Il fine e sofisticato ex studente di Eton si era arricchito con ingegnose truffe, per lo piú legate alle operazioni dei suoi casinò. La polizia sapeva che infrangeva la legge, la stampa sapeva che infrangeva la legge, i politici e l'amministrazione statale sapevano che infrangeva la legge, eppure era riuscito a sfuggire all'arresto per piú di quarant'anni. Anzi, spesso lo si vedeva in compagnia della piú alta società e frequentava regolarmente l'opera, di cui era un noto esperto, a Covent Garden.

A differenza della gran parte di coloro che facevano fortuna attraverso attività illegali, Smith aveva investito i suoi guadagni disonesti in imprese redditizie. Era proprietario di quattro caffè in stile parigino – l'Ace, il King, la Queen e il Knave – e quattro alberghi eleganti cui aveva dato il nome dei semi delle carte. Non fu mai chiaro se l'Hotel Hearts, in Soho Square, fosse in realtà un bordello oppure no. Né Smith tentò mai di chiarire la faccenda. A sentire lui, un po' di mistero faceva bene agli affari.

Non fu comunque l'Hotel Hearts a causare la fine di Smith, ma il Diamonds, il fiore all'occhiello dei suoi alberghi, in Hanover Square. Tutti i caffè e gli hotel di Smith erano decorati con una stravagante accozzaglia di quelle che potevano essere alla lontana definite «opere d'arte». Si andava dai semplici quadri alle zanne d'avorio intagliate, dai giocattoli a molla ai manichini vestiti (alcuni scandalosamente svestiti) con costumi esotici provenienti dai vari angoli del globo. L'attrazione principale del Diamonds era una grande vetrinetta di cristallo alla base della scalinata principale che recava l'etichetta «Riservata per il piú bel diamante del mondo».

Per cinque anni, la vetrinetta era rimasta vuota mentre Smith, per citare le sue stesse parole, cercava «una gemma abbastanza elegante per abbellire il mio splendido albergo». L'uomo si dichiarò disposto a pagare profumatamente una pietra di adeguata lucentezza, qualunque fosse la sua provenienza. La voce si diffuse rapidamente nel mondo del crimine e la polizia attribuí all'offerta di Smith il brusco aumento dei furti, tentati o realmente portati a termine, presso le gioiellerie di lusso dell'intera capitale.

Nella piú audace di queste rapine, i ladri fuggirono con un diamante di taglio Radiant da quattro carati del valore di parecchie migliaia di sterline. Quando furono arrestati, una settimana piú tardi, confessarono di aver commesso il furto e dissero di aver consegnato il diamante a «un gentiluomo che lavorava per Charlie l'Intellettuale».

Incautamente, il compito di interrogare Smith a proposito della gemma rubata fu affidato a un giovane ispettore dai modi bruschi e dalla notevole forza fisica. La conversazione tra il nerboruto poliziotto e il raffinato e grassoccio criminale-affarista divenne piuttosto accesa. Esasperato dall'atteggiamento condiscendente di Smith e dal suo evidente disprezzo per la sua ignoranza, sia della legge sia della grammatica inglese, l'ispettore balzò in piedi e afferrò l'uomo per la gola. Il gesto si dimostrò fatale: Smith subí un violento attacco di cuore e non riprese piú conoscenza.

L'ispettore fu cacciato dalla polizia. Cosa ancor piú significativa, il luogo dove si trovava il diamante rimase un mistero.

A quel punto, Scotland Yard chiese aiuto a Sherlock Holmes. Il grande detective, che per interesse personale aveva studiato l'intrigante personalità di Smith e la sua indole scherzosa, era sicuro che avesse lasciato un indizio sul nascondiglio del diamante. Iniziò le ricerche nella vasta e disordinata camera da scapolo di Smith, in una suite al quinto piano dell'Ace Café. Lente d'ingrandimento

alla mano, esaminò ogni *objet d'art* e ogni pacchiana cianfrusaglia. Rimase particolarmente affascinato da un carillon d'avorio intarsiato d'oro. Trovata una chiave sotto i cuscini dell'opulento letto di Smith, aprí il coperchio e lo fece suonare. Ne uscí una melodia stranamente informe. Holmes ripeté l'operazione, questa volta attingendo alle sue conoscenze musicali per annotare frettolosamente le note:

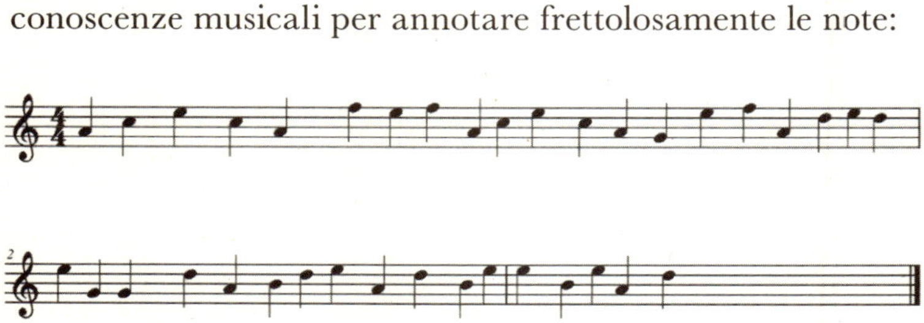

Dopo aver ascoltato la musica una terza volta e apportato qualche correzione ai suoi appunti, Holmes si avvicinò a una gabbia d'argento con dentro un pappagallo impagliato che pendeva accanto al lavabo. Sotto la gabbia c'era un grosso uovo di porcellana in stile cinese, un po' sbiadito dagli anni. Era mirabilmente decorato con una dozzina di pannelli ornati da perle raffiguranti il ciclo di vita dell'ape. L'ultimo mostrava un'ape morta che giaceva sul dorso, con le zampine in aria.

Holmes premette delicatamente il corpo di quest'ultima ape e la parte superiore dell'uovo si aprí, rivelando il diamante scomparso adagiato su un letto di cotone.

Come aveva fatto a capire come trovarlo?

17

Il mistero del sergente precipitato

La cattedrale di Canterton, pur essendo la chiesa piú importante della comunità anglicana, raramente finiva nei titoli di testa dei giornali. Fu dunque con un certo stupore che, il 20 aprile 1886, Watson trovò l'edificio sulle pagine di tutti i principali quotidiani. Il motivo era la scoperta, la mattina del giorno precedente, di un cadavere sul pavimento di pietra del transetto della cattedrale.

Watson si stupí ancora di piú quando, il venerdí della stessa settimana, il suo amico Sherlock Holmes ricevette una visita dell'ispettore Frank Blean, della polizia del Kent. «Il mistero del sergente precipitato», come lo chiamava la stampa, l'aveva sottoposto a una pressione cui non era abituato e non era sicuro che i suoi nervi potessero reggere a lungo. Per farla breve, mentre lui riteneva il caso tutt'altro che trasparente, i suoi superiori e «tutti i pezzi grossi della città» lo esortavano a dichiararlo un suicidio.

Holmes provò una simpatia istintiva per l'onesto, schietto

Blean, il quale evidentemente non sapeva che pesci pigliare, e accettò di aiutarlo. Farlo apertamente avrebbe scatenato la rabbia dei «pezzi grossi» e messo Blean ancora piú nei guai. Holmes avrebbe aggirato il problema, disse a Watson, visitando l'antica città di Saint Egfrith, Plankton e Henley travestito. Prestigiose credenziali vennero rapidamente create e sabato mattina William Hoffenbach III, corrispondente europeo del *New England Telegraph*, prese il treno delle 10:10 da Victoria Station a Canterton West.

Il racconto di Blean, insieme a quanto riportato dalla stampa, aveva fornito a Holmes molte informazioni sul caso.

Alle 7:30 di lunedí 19 aprile, il sagrestano della cattedrale, Clarence Flipp, aveva scoperto il corpo senza vita del sergente Robert Melrose della brigata fucilieri sul lato sud del transetto della cattedrale. Le sue tasche erano vuote, come la cintura portasoldi che indossava sotto l'uniforme. Su questo punto, Holmes aveva chiesto specifiche delucidazioni a Blean: era sicuro che si trattasse di una cintura portasoldi?

– Assolutamente certo, – rispose il poliziotto.

– Ed era completamente vuota?

– Completamente.

Holmes fece una breve pausa, poi invitò il visitatore a proseguire. Le ossa fratturate e la posizione innaturale del corpo non lasciavano a Blean alcun dubbio che Melrose fosse caduto dal sovrastante claristorio. Sorprendentemente, non era morto subito. Con le dita della mano destra, macchiate del suo sangue, il moribondo aveva scritto la parola *MASS*, cioè «messa», sulle lastre di pietra accanto a lui. Poco lontano, era stato ritrovato un antico calice d'argento di grande valore. Nonostante i danni riportati cadendo da una simile altezza, fu identificato come uno dei pezzi d'argenteria della cattedrale. Nel mese precedente, erano spariti anche una croce d'oro del quindicesimo secolo e un altro calice d'argento simile a quello rinvenuto vicino al corpo di Melrose.

Ancora una volta, Holmes chiese delucidazioni.

Blean era sicuro che il calice fosse caduto dal claristorio?

Sicuro quanto poteva esserlo senza aver assistito

personalmente al fatto. C'era perfino una piccola intaccatura nella lastra di pietra nel punto in cui era caduto.

E oltre alla parola *MASS*, non c'era nient'altro scritto col sangue?

C'era una specie di scarabocchio dopo la S finale. Blean supponeva che il moribondo avesse tentato di concludere il proprio messaggio con un punto.

Holmes annuí, ma non fece commenti.

La sera dello stesso giorno, nelle locande e nelle taverne della città non si parlava d'altro che del «sergente precipitato». Tutti sembravano sapere che Melrose era stato un «gran donnaiolo». Si diceva che avesse generato vari figli illegittimi in Gran Bretagna e all'estero e che avesse moglie e figli nella nativa Scozia, oltre alla famiglia con cui viveva a Canterton, dov'era di stanza il suo reggimento. Secondo i pettegolezzi, era ovvio che, non potendo mantenere tante persone con la sua paga di sergente, si fosse messo a rubare.

La cattedrale, con la sua preziosa collezione di tesori antichi, era un bersaglio fin troppo facile. Dopo aver trafugato con successo la croce e il calice, il sergente aveva trovato il giusto castigo quando aveva tentato di rubare un secondo calice. Un'ulteriore conferma della validità di questa versione degli eventi venne da padre Dominic, il sacerdote responsabile della chiesa cattolica di Canterton. Robert Melrose era cattolico, il che rendeva ancora piú sospetta la sua presenza nella cattedrale anglicana. Padre Dominic suggerí che la parola *MASS* scarabocchiata da Melrose mentre giaceva a terra morente fosse una confessione di colpevolezza e un appello alla misericordia dell'onnipotente.

Holmes convenne con Blean che, sebbene la versione popolare degli eventi fosse superficialmente plausibile, lasciava inspiegati vari dettagli importanti. Come aveva fatto Melrose a entrare nella cattedrale? Perché indossava una cintura portasoldi? E cosa ci faceva nel claristorio quando l'argenteria era conservata nella stanza del tesoro di fianco alla cripta? Secondo la stampa, queste domande non avrebbero mai trovato risposta poiché l'unica persona in grado di darne era morta.

Il corrispondente europeo del *New England Telegraph* la pensava diversamente.

Avendo preso alloggio al Bardolph Hotel, vicino alla porta occidentale della città, Holmes si recò alla cattedrale e chiese di parlare con il sagrestano. Clarence Flipp apparve puntualmente. La sua iniziale riluttanza a parlare con un giornalista svaní quando Hoffenbach accennò in tono casuale alla sua intenzione di intitolare il servizio sul sergente precipitato «Come mai il sagrestano ha permesso a un ladro di entrare nella sua cattedrale?»

Flipp, che Holmes riteneva troppo virtuoso per essere immischiato nelle ipotetiche ruberie di Melrose, rivelò parecchie informazioni interessanti. Certamente il corpo non era lí quando aveva chiuso la cattedrale dopo la preghiera della domenica sera, e quando lui e la polizia avevano perquisito l'edificio non avevano trovato nessun segno di effrazione. Le uniche persone in possesso delle chiavi erano lui stesso, il decano e due canonici. Uno di questi era l'ottantanovenne padre Collins, che ormai lasciava raramente il suo alloggio. L'altro, padre Adams, si era sposato da poco ed era in luna di miele nel Devon.

E il decano? s'informò Hoffenbach, leccando la punta della matita con piglio professionale. Cosa poteva dirgli il signor Flipp sul decano Garfield-Wolkes?

Il reverendissimo Simon Arbuthnot Garfield-Wolkes, disse il sagrestano, era un uomo veramente straordinario. Originario di una distinta famiglia dell'Herefordshire, a vent'anni era entrato nel corpo dei reali fucilieri del Galles

e aveva combattuto valorosamente in varie campagne. L'ultima, la guerra anglo-ashanti del 1873-74, aveva suscitato in lui un tale disgusto per la vita militare che si era dimesso da ufficiale ed era entrato nel clero, dichiarando che da quel momento in poi si sarebbe dedicato al cammino della pace, e non della guerra.

In chiesa, Garfield-Wolkes si faceva notare. La sua figura alta e robusta, immancabilmente sovrastata da un cappello nero a tesa larga, era inconfondibile. E quando parlava, la sua voce stentorea riecheggiava tra le antiche pareti di pietra. Una voce modellata, per sua stessa ammissione, su quella del sergente maggiore del suo reggimento.

C'era tuttavia un altro lato nel suo carattere. In varie occasioni, il sagrestano l'aveva trovato da solo nella cattedrale, in ginocchio, intento a pregare con ardente intensità. Una volta, Flipp l'aveva inavvertitamente disturbato e l'ex soldato, noto per il temperamento irascibile, era andato su tutte le furie. Calmatosi rapidamente, gli aveva poi chiesto scusa e aveva ammesso di avere sempre i nervi a fior di pelle quando chiedeva perdono a Dio per i numerosi e atroci peccati dei suoi giorni nell'esercito.

Holmes poté vedere con i suoi occhi il formidabile decano il mattino seguente, quando partecipò al servizio mattutino e lo sentí predicare. Il sermone fu senza dubbio di grande effetto, un bell'esempio di quel «cristianesimo vigoroso» sempre piú in voga in quel periodo. Garfield-Wolkes non fece diretto riferimento alla morte del sergente Melrose, ma il passaggio del Libro dei Numeri («Sappiate che il vostro peccato vi raggiungerà») lasciava pochi dubbi riguardo al messaggio che voleva trasmettere. Concluse la predica indicando con gesto teatrale le tenui macchie di sangue ancora visibili sul pavimento del transetto.

Quel pomeriggio, Holmes si uní ad altri membri della congregazione invitati a prendere il tè nel salotto del decanato. Non ebbe occasione di parlare di persona con il decano, ma attaccò discorso con sua moglie, l'onorevole Susan Garfield-Wolkes. La donna fu sorprendentemente schietta, forse perché credeva di parlare con un americano (qualcuno che immaginava la pensasse come lei), e confessò di trovare i suoi obblighi sociali «terribilmente noiosi».

– E come se non bastasse, signor *Offenbach*, – continuò, – tocca anche pagare tutto a me!

Il corrispondente europeo del *New England Telegraph* ignorò l'errore di pronuncia del proprio cognome e le chiese cosa intendesse dire.

– Oh, Simon non lo ammette volentieri, ma non ha il becco di un quattrino. Non fa che chiedermi soldi per uno o l'altro di quei suoi progetti campati in aria.

Holmes apprese anche che l'indomani mattina il decano sarebbe andato a Lambeth Palace, a Londra, per discutere del caso Melrose con l'arcivescovo. Non appena aprí l'ufficio del telegrafo di Canterton, l'investigatore mandò a Watson un telegramma chiedendogli di appostarsi a Victoria Station tra le dieci e mezzogiorno e fargli sapere se un gentiluomo alto in abito da pastore anglicano e cappello nero fosse sceso da uno dei treni provenienti da Canterton.

Watson fece come richiesto e rispose di non aver visto un tipo simile. Seguí un altro telegramma in cui Holmes gli chiedeva di informarsi se un uomo corrispondente alla stessa descrizione fosse stato visto alla stazione di London Bridge quella mattina. Alle 16:25, Watson gli inviò un telegramma per confermare che sí, un controllore della stazione di London Bridge ricordava di aver visto un pastore alto, con un cappello nero.

Holmes trascorse la giornata di martedí presso la biblioteca locale. Lesse articoli tratti dal *Times* e dal *Daily Telegraph* sulla terza guerra anglo-ashanti, quindi scrisse un breve servizio per il *New England Telegraph* intitolato «Il mistero del sergente precipitato». Iniziava cosí:

> *Quando un uomo viene trovato morto sul pavimento di una cattedrale inglese, l'ultima persona di cui si potrebbe sospettare è il decano di quella cattedrale. Tristemente, purtroppo, questo è esattamente ciò che è successo a Canterton la settimana scorsa.*

Holmes rilesse l'articolo, lo inserí in una busta indirizzata al reverendissimo Simon Garfield-Wolkes e la infilò sotto la porta del decanato.

Quando il mattino seguente Clarence Flipp aprí la cattedrale, rimase sconvolto nel trovare il corpo del decano sul pavimento di pietra del transetto. Era precipitato dal claristorio e morto sul colpo. Accanto a lui fu ritrovata la bozza di un articolo scritto per il *New England Telegraph*.

Cosa diceva?

18

IL MISTERO DEI TRE IMPIEGATI BRILLI

Watson ci rivela che spesso le vittime di crimini si rivolgevano a Sherlock Holmes perché avevano paura di andare alla polizia. «Il mistero dei tre impiegati brilli», titolo sorprendentemente leggero per una storia di omicidi crudeli e premeditati, è uno di questi casi.

Una mattina presto, il terrorizzato Elijah Petrel, impiegato venticinquenne di uno studio legale, salí di corsa le scale del 221B di Baker Street e cominciò a tempestare di colpi la porta del famoso detective. – Vi prego, signore, – implorò, – fatemi entrare e salvatemi da quell'assassino indiano.

Normalmente, Holmes non accettava casi presentati con tanta irruenza, ma la sua curiosità fu stuzzicata e acconsentí ad ascoltare la storia di Petrel.

Tutto era iniziato quando il giovane e due colleghi dello stesso ufficio, Peter Dimble e Archie Falk, avevano approfittato di un pomeriggio libero per consumare un lungo pranzo innaffiato da abbondante alcol alla taverna Iron Duke, vicino alla stazione di Euston. Dopo mangiato, mentre percorrevano la strada barcollando, i tre scapoli avevano notato nella vetrina di un'agenzia di pegni un anello di rubini e diamanti di straordinaria lucentezza. Tutti e tre avrebbero desiderato il gioiello come dono di fidanzamento per una futura promessa sposa. Sfortunatamente, nessuno poteva permettersi la somma di centocinquanta sterline indicata sul cartellino.

Dopo una lunga discussione su una panchina del parco, Petrel, Dimble e Falk giunsero a un accordo: ciascuno avrebbe contribuito con cinquanta sterline e avrebbero acquistato insieme l'anello. Il primo che fosse riuscito a mettere da parte le cento sterline necessarie a rimborsare gli altri due sarebbe diventato l'unico proprietario del gioiello.

I tre dunque misero insieme tutti i loro risparmi, comprarono l'anello e lo affidarono al loro principale perché lo conservasse nella camera blindata dello studio.

Una settimana piú tardi, i tre impiegati stavano bevendo una pinta di birra alla Iron Duke dopo il lavoro quando furono avvicinati da un enorme indiano barbuto in costume tradizionale. L'imponente sconosciuto si presentò come Amir Asaduddin Khan. Sperava che i «tre stimati gentiluomini» perdonassero l'inattesa interruzione, ma era stato informato che una locale agenzia di pegni aveva recentemente venduto loro un anello. – Vi imploro nel nome del Profeta, – continuò, fissandoli con i suoi grandi occhi fiammeggianti, – di vendermi quell'anello.

Colti alla sprovvista e un po' spaventati, gli amici dissero che ci avrebbero pensato. Se il signor Khan fosse tornato la sera seguente, gli avrebbero dato una risposta.

Quando il gigante se ne fu andato, i tre giovani realizzarono che probabilmente l'anello valeva molto piú di quanto l'avevano pagato e decisero di non venderlo. All'udire questa risposta, Khan reiterò la richiesta con maggiore insistenza. La risposta non cambiò.

Il mattino seguente, Archie Falk non si presentò al lavoro. Visto che dopo un giorno o due non era ancora riapparso, vennero fatte delle indagini, senza successo. Archie Falk era sparito.

Elijah Petrel e Peter Dimble continuarono a incontrarsi alla Iron Duke dopo il lavoro. Ovviamente, si chiedevano cosa fosse successo al loro amico Archie e ipotizzavano, scherzando solo a metà, che fosse caduto vittima del loro feroce visitatore indiano. Immaginate dunque la loro preoccupazione quando videro riapparire il signor Khan.

– Se avete un cuore, vi imploro ancora una volta, nel nome di Allah e di tutto ciò che è sacro, per favore, vendetemi quell'anello, – tuonò, senza curarsi di essere sentito.

Ancora una volta, gli impiegati dissero che ci avrebbero riflettuto, e ancora una volta la loro risposta fu no. Al sentire questo secondo rifiuto, Petrel disse che le lunghe dita di Khan si strinsero «come se avesse voluto tirar fuori un coltellaccio e ammazzarci». Il volto dell'uomo, continuò l'impiegato, «sprizzava malvagità. Per quanto parlasse in modo forbito, secondo me non era meglio dei famigerati Thug.

Il mattino dopo, Peter Dimble non si presentò in ufficio. Intorno a mezzogiorno, un battelliere avvistò il suo corpo sulla riva destra del Tamigi a Greenwich, dove l'aveva trasportato la corrente. Gli avevano tagliato la gola. Le sue tasche contenevano monete per un valore di due scellini e quattro penny e mezzo, una matita, un fazzoletto, le chiavi del suo appartamento e un'etichetta staccata da una bottiglia di birra. La polizia disse alla stampa che si trattava di un caso di omicidio commesso da ignoti.

Di tutti gli amici e i parenti di Peter, Elijah Petrel era l'unico a sapere qualcosa sul possibile assassino e sul movente dell'omicidio. Era troppo spaventato per rivelare alla polizia quello che sapeva, poiché quando era tornato a casa il giorno del ritrovamento del corpo di Peter, aveva trovato sullo zerbino davanti alla porta un biglietto scritto in matita blu sul retro di un'etichetta di birra. Diceva:

VIENI AL PONTE DI LONDRA DOMANI NOTE ALLE 3. PORTA L'ANELO. SE PARLI A POLIZIA O AMICI MUORI COME LORO!!

Dopo una notte insonne, il terrorizzato Petrel era andato dritto da Sherlock Holmes.

L'investigatore lesse con attenzione il biglietto e chiese a Petrel di ripetere il suo racconto, prestando particolare attenzione alle parole pronunciate da tutte le persone coinvolte. Poi assicurò all'impiegato che la sua vita non era quasi certamente in pericolo e si recò all'agenzia di pegni.

Holmes chiese all'uomo dietro il banco se, dopo che aveva venduto l'anello ai tre impiegati, fosse venuto qualcun altro a chiederglielo. Sí, rispose l'uomo. Stranamente, due individui interessati all'anello si erano trovati contemporaneamente nel negozio. Il primo era la persona che l'aveva impegnato, un vecchio soldato dall'aspetto e dai modi piuttosto rudi che aveva dato il nome di caporale Blanket. Quando aveva scoperto che il periodo per riscattare l'articolo era scaduto e il gioiello era stato venduto, era andato su tutte le furie, sbraitando e imprecando nel piú osceno turpiloquio.

In quel momento, era entrato un secondo signore e aveva chiesto dell'anello. Blanket si era ritirato in un angolo, apparentemente assorto nella contemplazione di alcuni orologi d'oro esposti in una vetrina.

Il nuovo arrivato era un gentiluomo indiano cortese e raffinato nel parlare. Anche lui era rimasto profondamente sconvolto nel sentire che l'anello era stato venduto. Dopo essersi ripreso dallo shock, gli aveva chiesto chi avesse acquistato il gioiello. L'uomo gli aveva detto che non conosceva il nome dei tre giovanotti, ma che erano tutti impiegati presso lo studio legale in fondo alla strada, a due edifici dalla Iron Duke. L'indiano l'aveva ringraziato ed era uscito dal negozio.

Nel frattempo, il vecchio soldato non si era mosso.

– Aveva sentito quello che vi eravate detti voi e l'indiano? – chiese Holmes.

– Quasi certamente, signore.

– E come reagí?

– Quando il gentiluomo indiano se ne andò, il caporale Blanket si era ormai calmato. Rimase per qualche istante a fissare il pavimento, mormorando qualcosa tra sé e sé, poi lasciò il negozio e s'incamminò nella stessa direzione in cui era andato l'indiano.

Holmes ringraziò l'uomo dell'agenzia di pegni per l'aiuto e tornò a casa, dove trascorse il resto della giornata a consultare il suo albo di ritagli relativi ai crimini commessi nei territori britannici d'oltremare. Il giorno seguente, dopo colazione, si presentò allo studio dove lavorava Elijah Petrel e chiese di vedere l'anello. Lo esaminò con cura, lo rimise nella cassaforte e si diresse a Scotland Yard. Il caporale Gulliver Blanket, ex diciassettesimo fanteria, fu arrestato quel pomeriggio e accusato dell'omicidio di Peter Dimble e Archie Falk.

Cosa disse Holmes ai suoi amici di Scotland Yard che portò all'arresto di Blanket?

19

L'AVVENTURA DEL VECCHIO DODSON

– Questa dev'essere stata l'indagine piú facile mai intrapresa, – osservò Holmes alla conclusione dell'«Avventura del vecchio Dodson». – Non riesco proprio a capire perché quell'ispettore abbia avuto bisogno di coinvolgermi. Santo cielo, Watson, perfino voi avreste potuto risolvere il caso in un batter d'occhio!

Il vecchio Dodson era un anziano e non troppo acuto ispettore di Scotland Yard che restava precariamente aggrappato alla sua posizione grazie alle generose donazioni della suocera al Partito liberale. L'attenzione di Holmes fu richiamata sul caso in questione quando il vecchio ispettore comparve al famoso indirizzo di Baker Street poco dopo le nove di una sera di luglio. Accaldato, senza fiato ed estremamente agitato, si scusò per essersi presentato a un'ora cosí tarda, ma temeva di perdere il lavoro se Holmes non l'avesse aiutato.

In seguito, Holmes confessò a Watson che era stato

fortemente tentato di non intervenire (l'allontanamento di Dodson dalle prime linee sarebbe stato infinitamente utile alla lotta contro il crimine). Ma Holmes era un uomo leale e non riuscí ad abbandonare un collega nel bisogno. Con un profondo sospiro, si sedette e chiese a Dodson di spiegare cosa lo affliggesse.

Il caso era relativamente semplice. Riguardava l'omicidio di Fanny Hogarth, una signorina di Blackheath che era stata trovata morta dalla cameriera alle 7 di quella mattina. La polizia aveva scoperto due elementi interessanti nella villa. Il primo era un portagioie il cui coperchio era stato forzato e il contenuto rimosso. Il secondo era una serie di lettere scritte

dalla signorina Hogarth a un certo Octavius Cannizzaro. In esse, la donna affermava di essere «in stato interessante» e che il padre era Cannizzaro; seguiva un tentativo di ricatto: se l'uomo non le avesse pagato le mille sterline che aveva promesso, la signorina Hogarth avrebbe intentato una causa di paternità contro di lui.

In base a queste prove, concluse Dodson, c'erano due spiegazioni per il delitto: o era stato l'atto disperato di un rapinatore sorpreso a rubare i gioielli della signorina Hogarth, o Cannizzaro aveva messo a tacere la sua amante senza dover sborsare un centesimo. Ulteriori indizi facevano propendere l'ispettore per la seconda ipotesi.

Octavius Cannizzaro era ben noto a Scotland Yard e, come si scoprí in seguito, a Sherlock Holmes. Era una figura sinistra e ambigua, che non si fermava mai abbastanza a lungo in un luogo perché la polizia potesse attribuirgli qualche irregolarità. Si mormorava che avesse casa e famiglia in Lussemburgo e che guadagnasse enormi somme di denaro con il traffico d'armi e d'oppio.

Viaggiava senza servitori; quando si trovava a Londra alloggiava in discreti appartamenti privati che pagava alla giornata e sembrava essere in possesso di almeno tre passaporti di diverse nazionalità. La sua unica debolezza, se cosí si poteva definire, era il cibo raffinato. Era conosciuto in tutti i migliori ristoranti della capitale, sia come intenditore dei migliori vini sia per le mance straordinariamente generose che lasciava.

I vicini riferirono di aver visto un uomo che corrispondeva

alla descrizione di Cannizzaro andare e venire dalla villa di Blackheath diverse volte nei giorni precedenti. Ma visto che l'individuo indossava il cappello e un pesante mantello nonostante facesse molto caldo, era impossibile confermarne con sicurezza l'identità. In ogni caso, era stato visto lasciare la villa alle 6:30 di quella stessa mattina. E dato che, quando la cameriera l'aveva trovata, la signorina Hogarth era morta da non piú di un'ora, Dodson sentiva di poter affermare con sicurezza che il misterioso visitatore era l'assassino. E le prove indicavano fortemente che l'uomo fosse Cannizzaro.

Dodson avvertí la polizia, e alle 19:30 di quella sera un agente vide Cannizzaro entrare in un appartamento privato vicino a Mayfair. Dodson si affrettò a raggiungere l'indirizzo e affrontò il sospettato, comunicandogli che era indagato per omicidio. Dove si trovava quella mattina alle 6?

Ostentando estrema noncuranza, Cannizzaro invitò con rispetto l'ispettore a non fargli perdere tempo. Aveva degli affari di cui occuparsi prima di prendere il treno delle 22:30 in coincidenza con il battello per la Francia. La sua presenza era richiesta a Parigi per un incontro con funzionari del governo francese il giorno dopo.

Dodson insistette: dove si trovava Cannizzaro alle 6 di quella mattina? Rivolgendogli uno sguardo esasperato, l'uomo prese il taccuino e ne estrasse un foglio di carta.

– Ecco qua, – disse Dodson tirando fuori dalla tasca una ricevuta sgualcita. – L'alibi perfetto. Quel mascalzone ha avuto l'impudenza di dire che, visto che il documento non gli interessava, potevo tenermelo.

Dodson consegnò il pezzo di carta a Holmes. Sotto l'intestazione «Royal Buckingham Hotel» e la data di quel giorno, in una grafia nitida c'era scritto: «Ricevuta dal signor Octavius Cannizzaro, alle 6:30, la somma di 1 sterlina, 2 scellini e 6 pence. Per colazione». Il biglietto era firmato «Delius Graftule, cameriere».

Holmes lesse con attenzione la ricevuta, poi balzò in piedi.

– Forza, Dodson, – esclamò. – Se ci sbrighiamo, possiamo arrivare al Royal Buckingham e poi a Victoria per arrestare il nostro assassino prima che prenda il treno in coincidenza con il battello. Potremmo non avere un'altra possibilità. Sbrigatevi, amico! – aggiunse precipitandosi fuori dalla porta. – Ne va della vostra carriera!

Cos'aveva notato Holmes che era sfuggito a Dodson?

20

L'AVVENTURA DEL PROGETTISTA DISONESTO

Sherlock Holmes era estremamente competitivo. Non riuscire a risolvere un caso lo gettava nel piú profondo sconforto; al contrario, nulla lo stimolava piú dell'opportunità di avere successo dove altri (in particolare Scotland Yard) avevano fallito. Una simile occasione gli fu offerta, ci rivelano gli appunti di Watson, nel dicembre 1905. Per ragioni di sicurezza nazionale che presto appariranno chiare, il dottore descrisse il caso solo molti anni dopo.

Holmes non amava che gli si dicesse cosa fare, ma quando l'ordine arrivò da una figura augusta come quella dell'ammiraglio della flotta Sir Tommy Hunter, sentí il dovere di ubbidire. Il telegramma diceva semplicemente:

VOSTRA PRESENZA RICHIESTA ALL'AMMIRAGLIATO
QUESTO POMERIGGIO 14 STOP COMUNICARE
NOME E CHIEDERE DEL CAPITANO HAMMOND-
SMYTHE STOP VERRETE AMMESSO STOP

In seguito, l'investigatore disse a Watson: – Feci come richiesto. Il capitano Hammond-Smythe mi accolse al mio arrivo, ma non aprí quasi bocca mentre mi guidava attraverso corridoi vuoti e silenziosi fino a una stanzetta, non piú grande di tre metri quadrati, sopra l'Arco dell'ammiragliato. Qui, fummo raggiunti poco dopo dal grande ammiraglio in persona. Ma invece che emanare la consueta gioviale affabilità, Sir Tommy s'infilò di traverso nella stanza, come se stesse entrando in una casa di malaffare di Soho. Evidentemente, Watson, stava succedendo qualcosa di grave!

Sir Tommy disse a Holmes che la questione che stavano per esporgli era della massima importanza, importanza che andava ben oltre la sfera nazionale. Era possibile che il futuro dello stesso Impero dipendesse dalla sua capacità di risolvere un enigma che aveva messo in ginocchio i migliori cervelli della marina militare e di Scotland Yard. L'ammiraglio non poteva sapere l'effetto che quell'affermazione avrebbe avuto sull'investigatore. Per quanto riguardava Holmes, infatti, era in ballo qualcosa di ancor piú importante del futuro dell'Impero britannico: la sua reputazione.

Dopo aver controllato che non ci fosse nessuno fuori dalla porta, Sir Tommy la chiuse a chiave e invitò Holmes ad accomodarsi a un piccolo tavolo sotto l'alta finestra che dava su Trafalgar Square. L'ammiraglio gli si sedette accanto e il capitano di fronte. Subentrando al superiore, questi spiegò che, nelle vesti di ufficiale responsabile della sicurezza di tutta l'arma, si trovava dinnanzi a un problema apparentemente irrisolvibile.

Gli ingegneri e i progettisti della marina militare stavano lavorando a una nuova nave da guerra che avrebbe cambiato per sempre i conflitti in mare. Si diceva che la squadra cui era stato assegnato il progetto fosse stata selezionata specificamente per l'affidabilità, oltre che per le competenze tecniche e scientifiche. Immaginate dunque lo sconcerto di Hammond-Smythe quando un agente infiltrato presso l'ambasciata di una certa potenza straniera l'aveva avvertito che qualcuno stava tentando di scoprire i dettagli del progetto. Anzi, riferiva l'agente, era possibile che una rete di spie fosse già al lavoro.

Il capitano Hammond-Smythe aveva immediatamente lanciato un'audace operazione di controspionaggio. I suoi uomini avevano fatto irruzione nella stanza dove lavorava la squadra, sprangando le porte e perquisendo ogni scrivania, tavolo da disegno e addetto. Mentre questo accadeva, il capitano in persona si era posizionato a un'estremità della stanza e aveva osservato gli uomini alla ricerca di qualsiasi segno di agitazione o comportamento insolito. Solo un uomo gli aveva dato motivo di preoccupazione.

Augustus Gedge, un progettista quarantenne, era in servizio da cinque anni. In gioventú era stato campione di cricket e di rugby e aveva ottenuto il posto all'ammiragliato principalmente grazie a una brillante lettera di raccomandazione del presidente del Rugby Football Club di Rosslyn Park, un amico intimo di Hammond-Smythe. Con grande sorpresa dell'ufficiale di guardia, Gedge era stato insolitamente brusco e a disagio mentre la sua persona veniva perquisita.

Messo in allarme da quel comportamento, Hammond-

Smythe aveva condotto una discreta indagine sull'uomo e scoperto che egli aveva una doppia vita: all'insaputa della moglie e della famiglia a Battersea, manteneva un'amante e tre figli a Pimlico. La continua pressione cui erano sottoposte le sue finanze e la sua stabilità emotiva rendeva Gedge un bersaglio appetibile per qualsiasi potenza straniera fosse disposta a pagare per avere informazioni sul nuovo progetto della marina. Ma il capitano aveva bisogno di prove.

A causa di una svista, la perquisizione originaria del laboratorio non aveva incluso i cestini della carta straccia. Ormai erano passate trentasei ore dall'inizio dell'operazione e il contenuto dei cestini era stato rimosso e messo in un grande contenitore in attesa dell'incenerimento. Per ordine di Hammond-Smythe, i suoi agenti avevano setacciato la montagna di rifiuti alla ricerca di qualcosa di insolito. Avevano trovato un pezzo di carta appallottolato con la seguente iscrizione:

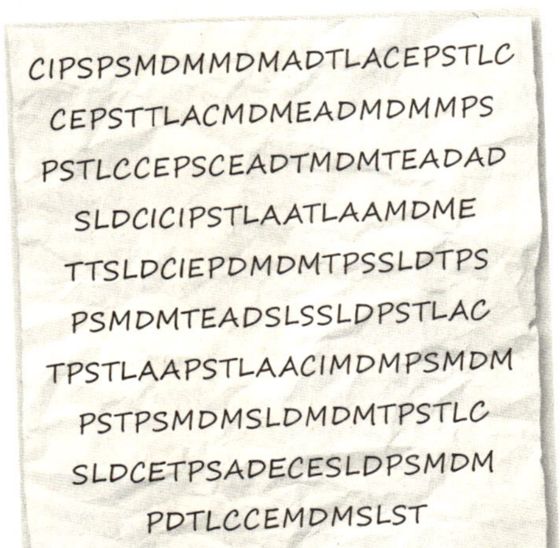

Il foglio si trovava in mezzo ad altre cartacce provenienti dal laboratorio, ma la grafia era diversa da quelle di tutti gli uomini impegnati nel progetto. Dopo che gli esperti della marina e quelli di Scotland Yard (sotto giuramento di segretezza) non erano riusciti a decifrare la misteriosa serie di lettere, il capitano Hammond-Smythe non aveva piú saputo dove sbattere la testa.

Come ultimo espediente, e con grande riluttanza, il capitano aveva persuaso l'ammiraglio a mettere la questione nelle mani del piú famoso investigatore privato di Londra.

Holmes fu informato su Gedge e sulle misteriose lettere trovate sul biglietto appallottolato. Dopo averlo fissato intensamente per cinque minuti, chiese se poteva portarlo a casa. Il permesso fu negato.

– In tal caso, signori, – ribatté in tono alquanto stizzito, – dovrete risolvere il problema da soli.

Naturalmente Holmes non diceva sul serio, e gli appunti di Watson delineano con sufficiente chiarezza gli eventi successivi. Avendo memorizzato il criptico messaggio all'ammiragliato, Holmes lo trascrisse non appena fu arrivato a casa e si mise al lavoro nel corso della serata. Ricombinò le lettere secondo una varietà di schemi, senza però riuscire a trovare la chiave per comprendere cosa rappresentassero. Alla fine andò a letto, sperando che il nuovo giorno avrebbe portato l'illuminazione.

Fu svegliato intorno alle 8:30 da Watson, che era passato a trovarlo dopo una visita mattutina a un paziente che abitava nelle vicinanze. I due fecero colazione insieme, quindi Holmes tornò al suo enigma e Watson si mise a leggere il giornale. Segue la descrizione originale del dottore dei fatti che seguirono.

Mentre leggevo il servizio sulla sconfitta dell'Inghilterra da parte della Nuova Zelanda nella partita di rugby del giorno prima, emisi un piccolo grugnito di disapprovazione.
Questo parve infastidire Holmes, che alzò lo sguardo e mi domandò cosa avessi.
Quando glielo spiegai, corrugò la fronte e tornò per qualche secondo al suo enigma, poi chiese: – Avete detto rugby, Watson?
Risposi di sí.
Sebbene in passato Holmes non avesse mai mostrato alcun interesse per gli sport di squadra, il riferimento al rugby parve

galvanizzarlo e mi chiese di ricordargli le posizioni dei giocatori in campo. Gliele elencai, spiegando che, per abitudine, si usava indicare la posizione del giocatore con il numero sul retro della maglia.
L'informazione parve eccitarlo ancora di piú, tanto che si mise a scrivere rapidamente mentre dettavo:

1 = pilone sinistro
2 = tallonatore
3 = pilone destro
4 = seconda linea sinistra
5 = seconda linea destra

6 = terza linea ala chiusa
7 = terza linea ala aperta
8 = terza linea centro
9 = mediano di mischia
10 = mediano di apertura
11 = ala sinistra
12 = centro interno
13 = centro esterno
14 = ala destra
15 = estremo

– E l'arbitro? – chiese quando ebbi finito. – Cosa c'è scritto sulla sua maglia?

– Niente, – risposi. – Non ha nessun numero.

– Ah! Ma niente corrisponde a zero... giusto?

Dissi che non sapevo di cosa stesse parlando, anche se mi intendevo abbastanza di matematica per capire che, in effetti, niente corrispondeva allo zero.

Holmes era troppo occupato a scrivere per rispondermi. Dopo qualche minuto, gettò la matita sul tavolo e proruppe in un grido soddisfatto.

– Per Giove, Watson, – esclamò, – avete appena salvato l'Impero!

Detto questo, si precipitò all'ufficio del telegrafo e mandò un invito a Sir Tommy a raggiungerlo il prima possibile al 221B di Baker Street, dove lo aspettava «un messaggio molto interessante».

L'ammiraglio e il capitano Hammond-Smythe arrivarono dopo meno di un'ora.

Cosa diceva il messaggio in codice e come aveva fatto Holmes a decifrarlo?

21

L'AVVENTURA DEL NIPOTE ECCENTRICO

Come ben sanno i lettori dei racconti originali di Watson, Sherlock Holmes era un maestro di travestimenti. Ma il travestimento è inutile senza una certa attitudine alla recitazione. Questa a Holmes non mancava e forse, se fosse nato un secolo piú tardi, si sarebbe fatto un nome a Hollywood. Invito chiunque dubiti di questa affermazione a leggere «l'avventura del nipote eccentrico».

Tutto iniziò con una conversazione casuale tra Holmes e l'ispettore Lestrade di Scotland Yard. – Brutte notizie, – annunciò il poliziotto. Si diceva che Charlie Peters, detto «Faccia di plastica», il piú famigerato ladro degli Stati Uniti del Sud, fosse salpato per la Gran Bretagna alla fine dell'anno precedente. Per quanto ne sapeva Lestrade, probabilmente l'infame truffatore era già all'opera. Holmes lo ringraziò dell'informazione, che registrò nella sua memoria inesauribile.

Un mese dopo, l'investigatore fu avvicinato da uno dei subalterni di Lestrade, l'ispettore Julius Turvey, che gli chiese assistenza per risolvere un imbarazzante caso di furto con scasso. La vittima era il sessantacinquenne magnate dei diamanti Sir Cecil Mount, la cui residenza di campagna di Holmarsh Abbey, nello Shropshire, era stata derubata ben tre volte in altrettante settimane. Erano stati sottratti alcuni gioielli e pezzi d'argenteria georgiana. Dato che la polizia locale non aveva fatto alcun progresso, Sir Cecil, che non era certo l'uomo piú tollerante del mondo, aveva preteso che se ne occupasse Scotland Yard. Lestrade aveva puntualmente mandato Turvey nello Shropshire. Quando anche lui non era riuscito ad arrestare nessuno, il furioso Sir Cecil aveva minacciato di portare la faccenda all'attenzione dei «suoi amici nel governo». A quel punto Turvey si era rivolto a Holmes, che si dichiarò disposto ad aiutarlo.

Un rapido riesame dei fatti convinse Holmes che i furti erano opera di qualcuno che conosceva bene la casa e le sue dinamiche. In base a questo, Holmes inviò al milionario un telegramma annunciando che sarebbe arrivato a Holmarsh Abbey il mattino seguente per assistere Turvey nell'indagine. Sir Cecil era gentilmente pregato di fare in modo che nessuno dei suoi dipendenti si allontanasse, poiché Holmes desiderava interrogarli tutti individualmente.

I sei dipendenti a tempo pieno della magione furono dunque fatti entrare in biblioteca uno alla volta, per incontrare Holmes. Come dimostrano gli appunti di Watson, le sagaci domande dell'investigatore fecero emergere un movente per ciascuno di loro.

Blodwyn Jones, la giovane cameriera gallese, mandava

tutto il denaro che riusciva a mettere da parte «a casa dalla mia povera famiglia sulle colline di Brecon».

Catherine «Katie» Duggan, la cameriera che serviva a tavola, stava risparmiando per sposare Bertie Groundwart, un giovanotto del posto che stava scontando una pena di due anni in carcere per tentata rapina.

Era risaputo che la cuoca cinquantacinquenne, Martha Tinch, spendeva gran parte del suo stipendio per l'acquisto di brandy Napoleon, liquore per cui aveva una particolare predilezione.

Gregor de Villiers, l'autista e tuttofare sudafricano, era venuto a lavorare in Inghilterra per mettere da parte il denaro con cui acquistare una piccola fattoria nella prateria sudafricana dove, a sentire lui, Sir Cecil era ricordato come «un vero gentiluomo».

Nathan Hillman, il maggiordomo, era segretamente comunista e donava gran parte del suo stipendio al partito.

Il segretario della tenuta, Frederick Langton, non era riuscito a tenere correttamente la contabilità dell'anno precedente, con conseguente ammanco di varie centinaia di sterline.

Oltre a interrogare i dipendenti sulla loro vita privata e pubblica, Holmes fece delle domande anche sugli oggetti rubati. Tra le altre cose, mentre cercava di scoprire come erano stati fatti sparire, chiese cosa ne sapessero dell'argenteria georgiana. La strana risposta di uno dei dipendenti ricordò a Holmes qualcosa che gli aveva detto l'ispettore Lestrade tempo prima, e decise di condurre ulteriori indagini.

Una volta conclusi i colloqui, Holmes ebbe un incontro privato con Sir Cecil. Non rivelò le informazioni riservate che aveva ottenuto dai dipendenti, né accennò alla strana osservazione sull'argenteria georgiana, ma gli chiese altri quattro favori.

Per prima cosa, Sir Cecil era pregato di fare in modo che la partenza dello stesso Holmes per Londra, il giorno seguente, fosse resa nota a tutto il personale. Tutti dovevano sapere che, quando se n'era andato, l'investigatore era di pessimo umore perché non era riuscito a risolvere il caso.

In secondo luogo, Sir Cecil in persona avrebbe dovuto, senza farsi vedere da nessuno, spingere il grosso baule vuoto che Holmes aveva visto nella stalla contro la parete di fondo dell'edificio. Quando Sir Cecil capí che si riferiva al vecchio baule da marinaio di suo padre, acconsentí.

In terzo luogo, Sir Cecil avrebbe dovuto fare in modo che, fino a nuovo ordine, un'automobile venisse parcheggiata ogni notte nella stalla, con il bagagliaio rivolto verso la porta sul retro dell'edificio.

Infine, lui e Lady Mount avrebbero dovuto informare i dipendenti dell'imminente visita del nipote mentalmente ritardato della signora, Horatius Knebb. Dovevano dire loro che Horatius non era affatto pericoloso, ma che a volte andava su tutte le furie quando veniva contrariato. I dipendenti, dunque, avrebbero dovuto soddisfare ogni richiesta del pover'uomo, per quanto bizzarra potesse apparire.

Sir Cecil trovò decisamente strana l'ultima richiesta soprattutto perché, per quanto ne sapeva, sua moglie non aveva nessun parente di nome Horatius Knebb. Ciononostante, la reputazione di Holmes era tale che la sua curiosità fu stuzzicata e decise di assecondare il piano.

Il povero Knebb, un individuo gobbo e dinoccolato dai modi decisamente eccentrici, arrivò alla stazione di Hereford una settimana piú tardi. Gregor de Villiers andò a prenderlo, e al suo ritorno disse agli altri domestici che il tizio era «matto da legare». Nonostante ciò, tutti seguirono le indicazioni del padrone di casa, soddisfacendo alla lettera le strane richieste di Knebb durante la sua permanenza, che durò sei notti.

Il giorno dopo la partenza di Knebb, riapparve Sherlock Holmes. Gli erano venute, disse, delle nuove idee su chi avrebbe potuto commettere i furti. Sir Cecil ci sperava, poiché di recente c'erano state numerose altre sparizioni. Questa volta non si trattava di oggetti di valore, bensí di cose piccole ma utili: la sua penna preferita, uno stivale sinistro, un berretto da cacciatore, tre libri della biblioteca, un bastone da passeggio con l'impugnatura d'avorio e (nel menzionarli arrossí) un paio di corsetti d'osso di balena di sua moglie.

Holmes non parve affatto sorpreso e invitò il milionario ad accompagnarlo al baule da marinaio nella stalla. Dentro c'erano tutti gli oggetti mancanti, a eccezione dei corsetti. Avvicinandosi alla parte posteriore dell'automobile, Holmes distolse cavallerescamente lo sguardo e aprí il bagagliaio. Là, avvolti con cura in un pacchetto di carta marrone, c'erano i corsetti spariti.

Piú tardi, quel giorno, Gregor de Villiers fu arrestato con l'accusa di aver viaggiato con passaporto falso e aver ottenuto un impiego con false referenze. Quando gli dissero che forse avrebbe potuto evitare l'estradizione negli Stati Uniti e un processo ad Atlanta se avesse ammesso il furto di numerosi gioielli e articoli d'argenteria a Holmarsh Abbey, Charlie Peters, detto «Faccia di plastica», a malincuore confessò. Gli oggetti rubati furono recuperati poco dopo. Cosa accadde a Peters dopo un breve periodo di reclusione nel carcere di Shrewsbury, Watson non l'ha scritto.

Come aveva fatto Holmes a identificare il ladro?

22

Il caso della signora accigliata

Sfogliando gli appunti di Watson, possiamo constatare che il suo amico investigatore risolse un buon numero di casi senza bisogno di mettere piede fuori dal 221B di Baker Street. Il dottore scelse di non ricavarne delle storie da pubblicare, poiché i racconti d'azione e conflitto erano piú appetibili per il gusto dei lettori. Ciononostante, alcuni di questi casi «da poltrona» sono davvero particolari, e illustrano talmente bene le straordinarie capacità di deduzione di Holmes che sarebbe un peccato non condividerne uno o due con il lettore del ventunesimo secolo.

«Il caso della signora accigliata» ne è un ottimo esempio.

Il 14 agosto 1889, Holmes ricevette il biglietto da visita della signora Latchcombe e, non avendo di meglio da fare in un afoso pomeriggio estivo, chiese alla signora Hudson di farla entrare. Un passo tutt'altro che leggero sulle scale preannunciò l'ingresso di una donna corpulenta, stretta in un corsetto, che doveva avere circa quarant'anni. Gli appunti del dottore, in cui le parole «arrabbiata», «vanitosa» e «ottusa» sono sottolineate, lasciano intendere che i modi della visitatrice fossero rozzi come il suo aspetto. Watson, il quale aveva in parte appreso l'arte dell'osservazione dal suo amico, notò che la signora aveva dei piccoli avvallamenti ai due lati del naso, segno che «portava abitualmente gli occhiali».

Entrando nella stanza, guardò accigliata gli arredi da scapolo, guardò accigliata Holmes e, dopo aver guardato con pari disprezzo anche Watson, gli si avvicinò a grandi passi e si rivolse a lui chiamandolo «signor Sherlock

Holmes». Quando venne corretta non si scusò, ma allungò la mano verso una sedia, si sedette pesantemente e, su invito di Holmes, cominciò a raccontare la sua storia.

Una decina d'anni prima, rivelò, aveva conosciuto e sposato il venticinquenne Albert Latchcombe, un luogotenente dell'esercito in India in licenza prolungata. Consegnò a Holmes la foto di un bel giovane nell'uniforme dei lancieri del Bengala. «Non ci voleva un mago» riflette Watson nei suoi appunti, «per capire cos'avessero trovato l'uno nell'altra. Lei aveva il denaro, lui l'avvenenza».

La signora Latchcombe raccontò di come era rimasta incinta quasi subito e aveva deciso di restare in Inghilterra, dove il bambino sarebbe potuto nascere in relativa comodità e sicurezza, mentre il marito aveva fatto ritorno in India. Essendo l'unica figlia di genitori facoltosi, entrambi defunti, il denaro non le mancava. Il suo bambino, un maschietto che, disse, avevano chiamato Albert come il padre, era nato in una rispettabile clinica privata e la signora Latchcombe l'aveva portato nella bella villetta a un piano che aveva acquistato sulle colline del Sussex. Lí, aveva aspettato le lettere del marito e il biglietto della nave con cui lei e il figlio l'avrebbero raggiunto in India.

Aveva una fotografia del bambino? chiese Holmes.

Dopo aver rovistato nella borsetta, la signora Latchcombe confessò di aver dimenticato di portarne una con sé. L'investigatore annuí e rivolse a Watson una strana occhiata.

La signora disse che, nei primi tempi, il marito le aveva scritto regolarmente. Dopo un po', tuttavia, il flusso della corrispondenza si era ridotto come un torrente in secca, e non era arrivato nessun biglietto. All'inizio, spiegò, il marito, che nel frattempo era stato promosso a capitano, adduceva dei pretesti per non essere riuscito a organizzare il viaggio, ma dopo un anno smise del tutto di accennare alla faccenda.

Passarono uno, due, tre, quattro anni. Il quinto anno, le lettere dall'India erano cessate completamente. Per citare le sue stesse parole, riportate da Watson, la signora Latchcombe aveva «penato, penato e penato, languendo fino a ridurmi a un filo». L'aspetto fisico di suo figlio, «cosí terribilmente simile al padre», era piú di quanto potesse sopportare e l'aveva mandato in un rispettabile convitto, dove si trovava tuttora.

– Immaginate il mio shock, – continuò la signora, – quando la settimana scorsa mi sono vista comparire dinnanzi mio marito, senza preavviso, alla porta –. Si era fermato solo due giorni, abbastanza a lungo, disse lei arricciando le labbra, per scoprire dove fosse ogni cosa. All'inizio sembrava a disagio. Poi, la sera del secondo giorno, aveva annunciato che il loro matrimonio era finito. Si era innamorato di un'indiana con cui conviveva a Bangalore. Prima di lasciare la casa, aveva avuto «la sfacciata impudenza» di chiedere la sua parte della liquidazione matrimoniale, visto che «faticava a far quadrare il bilancio con la sua misera paga da ufficiale».

– Io piangevo come una fontana, – confessò la signora Latchcombe, che aveva «il cuore spezzato come una noce di Natale». Si era rifiutata di dargli anche solo un centesimo.

Il capitano Latchcombe se n'era andato subito, lanciandole uno sguardo che sua moglie descrisse come «pieno di propositi di vendetta».

La sua intuizione, continuò, non era sbagliata. La sera dopo, mentre usciva dalla stanza da bagno (faceva sempre un bagno prima di cena) con addosso soltanto la vestaglia e «i capelli bagnati che le ricadevano sul viso e sulle spalle», udí un rumore in salotto. Guardando in fondo al corridoio, vide un uomo, indubbiamente il capitano Latchcombe, intento a frugare nei cassetti superiori del suo scrittoio. Era lí che teneva l'anello di fidanzamento e altri preziosi gioielli ricevuti in dono dal marito, per poterli guardare mentre scriveva le sue lettere in India.

E adesso quell'uomo, il suo stesso marito, aveva l'impudenza di tentare di rubarli. Gridando, si era messa a correre lungo il corridoio verso di lui. Ma nel tempo che aveva impiegato a percorrere i sei metri fino alla porta del salotto, il capitano aveva raccolto il bottino e stava già uscendo dalla portafinestra in fondo alla stanza. L'ultima volta che l'aveva visto stava fuggendo attraverso il prato, con una collana di perle che penzolava dalla mano destra e il pugno sinistro stretto intorno a quelli che in seguito scoprí essere due anelli e una spilla di smeraldi.

Alla fine dell'insolito racconto, Holmes le fece due domande. Primo, la signora Latchcombe aveva informato la polizia dell'incidente? No. Non voleva ritrovarsi al centro di uno scandalo. Era disposta a pagare a Holmes qualsiasi prezzo se lui avesse rintracciato il marito fuggiasco. Dopo

averlo raggiunto, l'investigatore doveva dirgli che, se voleva salvarsi dal carcere, avrebbe dovuto «rinunciare all'assurda idea di vivere nel peccato con un'indiana», restituire i gioielli alla moglie e tornare a vivere con lei «da onesto cristiano».

La seconda domanda di Holmes era di natura pratica. Che dimensioni aveva il suo salotto? La signora Latchcombe, piú accigliata che mai, rispose che era «di grandezza rispettabile, almeno una dozzina di metri dalla porta alla portafinestra».

Nel ricevere questa risposta, Holmes sospirò, si appoggiò allo schienale della poltrona e disse alla visitatrice che non poteva fare nulla per aiutarla.

– Perché mai? – esclamò lei. – Chiaramente, signor Holmes, non siete quello che la gente dice di voi. Siete un impostore.

– Le vostre sono parole molto dure, signora, – ribatté Holmes, glaciale. – Ma temo che si adattino piú a voi che a me. Non posso aiutare i clienti che non dicono la verità.

Che motivi aveva Holmes per formulare quel giudizio?

23

UN CASO DI IGNORANZA

In *Uno studio in rosso*, Watson elenca quelli che definisce i «limiti» di Sherlock Holmes:

1. Conoscenza della letteratura – Zero
2. Filosofia – Zero
3. Astronomia – Zero
4. Politica – Scarsa
5. Botanica – Variabile

In racconti successivi, precisamente «Uno scandalo in Boemia» e «L'avventura della criniera del leone», Watson si contraddice, dimostrando che la cultura letteraria di Holmes era molto piú vasta di quanto siamo portati a credere. Tuttavia, è innegabile che avesse delle lacune, e mai esse furono piú evidenti che nel caso al tempo noto come «Gli innamorati di Litchburn». Riguardava Minnie Dean, del villaggio di Litchburn, nell'Oxfordshire, e il suo fidanzato, Ernest Pottinger. Abbiamo ricostruito la storia dagli appunti di Watson e dagli articoli dell'*Oxford Times* sul processo di Minnie.

I primi anni di vita di Minnie erano stati funestati da sventure e infelicità. Suo padre, il maestro del villaggio, era morto quando lei aveva sedici anni, lasciandola sola a badare alla madre costretta a letto e ai tre fratelli piú piccoli. I soldi scarseggiavano, e di questo si accorse Maxwell Naysmith-Jones, il figlio venticinquenne di un grosso proprietario terriero locale.

A poco a poco, mescolando le lusinghe alla seduzione, Naysmith-Jones aveva conquistato la fiducia della graziosa ragazza. Le aveva fatto dei regali e gliene aveva promessi molti di piú, accennando al fatto che forse, un giorno, i due si sarebbero sposati. Cosí accadde l'inevitabile. Come molti nel villaggio avevano previsto, Minnie era rimasta incinta e Naysmith-Jones, negando qualsiasi responsabilità, era partito per le piantagioni di famiglia in Giamaica. Con immenso dolore della ragazza, il suo bambino era morto cinque giorni dopo essere venuto alla luce.

Passarono due anni. Nel frattempo, la madre di Minnie morí e due dei suoi fratelli se ne andarono di casa per trovare la loro strada nel mondo. Quando Ernest Pottinger, ex allievo di suo padre e laureato a Oxford, tornò a casa per lavorare come avvocato nella vicina Bicester, la vita di Minnie finalmente si rischiarò. Tra i due giovani nacque una solida amicizia, e spesso furono visti passeggiare insieme.

Avevano molte cose in comune. Entrambi erano ritenuti di bellezza superiore alla norma e condividevano l'amore per la campagna e la passione per la letteratura, trasmessa a tutti e due dall'erudito padre di Minnie. Gli stessi vicini

pettegoli che avevano guardato con disapprovazione la sua relazione con Naysmith-Jones prevedevano di sentire presto le campane suonare a nozze.

A quel punto, però, Naysmith-Jones era tornato dai Caraibi. Quando Minnie si era rifiutata di salutarlo, aveva cominciato a diffondere voci scandalose sulla giovane. Appoggiato al banco del Red Lion, la denigrava apertamente con chiunque fosse disposto ad ascoltarlo. I suoi discorsi al vetriolo divennero sempre piú maliziosi, fino al punto di insinuare – «ma badate, la mia è solo un'ipotesi» – che Minnie avesse ucciso il suo bambino «per ripicca, visto che io ero stato richiamato all'estero prima di poterla rendere una donna onesta».

Quando Minnie, in preda alla disperazione, aveva pensato di fargli causa per calunnia, Ernest l'aveva dissuasa per via delle troppe spese; inoltre, aveva notato che il persecutore della ragazza aveva la scaltrezza di infilare sempre un «forse», o un «si dice» nelle sue affermazioni. Indifesa di fronte a quella fiumana di crudeli insinuazioni, Minnie precipitò sempre piú nello sconforto. Nemmeno la proposta di matrimonio di Ernest e il suo caloroso «sí» riuscirono a dissipare le nuvole per piú di un paio di giorni.

Poi, una gelida mattina di domenica, Maxwell Naysmith-Jones fu trovato morto in fondo alla cava di pietre di Pilcock. Era precipitato per una trentina di metri lungo la parete perpendicolare della cava, spezzandosi il collo. La polizia la dichiarò una morte accidentale, ma i genitori di Maxwell, non credendo a questa versione dei fatti, fecero intervenire Sherlock Holmes.

L'investigatore scoprí molte cose. Sebbene nessuna gettasse una buona luce su Naysmith-Jones, importanti elementi suggerivano che non si era trattato di un incidente. La notte della sua morte, l'uomo aveva bevuto molto ed era uscito barcollando dal Red Lion poco prima di mezzanotte. Vari testimoni oculari, svegliati dalle sue urla e imprecazioni, l'avevano visto picchiare violentemente alla porta del cottage di Minnie. Alla fine, la ragazza gli aveva aperto e l'ubriaco era sparito all'interno.

Secondo la testimonianza di Joshua Plow, che abitava di fronte, la porta del cottage si era riaperta dopo quindici minuti e Minnie e Naysmith-Jones erano usciti mano nella mano. A sentire Joshua, lei sembrava «molto dolce nei suoi confronti». Dopo aver girato intorno alla casa, i due si erano allontanati in direzione della cava. Questo era successo a mezzanotte e un quarto, come confermato dai rintocchi dell'orologio della chiesa. Poco dopo, Joshua aveva visto Ernest Pottinger correre verso il cottage di Minnie. Avvertito da un amico dello stato in cui si trovava Naysmith-Jones, si era precipitato lí per controllare che la fidanzata stesse bene. Secondo Joshua, Pottinger era entrato nel cottage gridando il nome di Minnie, quindi aveva acceso una candela per esaminare le stanze. Dopo un po', era uscito e aveva visto la ragazza tornare da sola. I due si erano lanciati l'una nelle braccia dell'altro ed erano rimasti lí a parlare per qualche minuto, quindi erano entrati in casa insieme. Questo era avvenuto subito dopo le 00:45, disse Joshua, orario ancora una volta confermato dall'orologio della chiesa.

Cos'era successo tra il momento in cui Minnie e Naysmith-Jones avevano lasciato insieme il cottage e il suo ritorno da sola, mezz'ora dopo? La ragazza disse che, invece di opporre resistenza all'intruso ubriaco e furioso, cui avrebbe potuto solo soccombere, l'aveva convinto con le buone a fare una passeggiata. Sperava che l'aria fresca della notte lo facesse rinsavire abbastanza da rendersi conto di avere sbagliato e smettere di perseguitarla. Siccome questo non era accaduto, Minnie aveva approfittato dell'oscurità per sfuggirgli ed era corsa a casa. Non si era nemmeno avvicinata alla cava.

Era corsa subito a casa? chiese Holmes quando arrivò il momento di interrogarla. La ragazza ci pensò un istante, poi disse che ricordava di aver vagato ancora per qualche minuto, per riordinare le idee, prima di tornare al cottage, dove aveva trovato Ernest che la aspettava.

Quel giorno, in precedenza, Holmes aveva ripercorso a passo lento il tragitto tra la porta del cottage e il bordo della cava. Per andare e tornare aveva impiegato poco meno di mezz'ora, esattamente lo stesso intervallo di tempo in cui Minnie era stata assente la notte dell'incidente.

Holmes aveva un'altra domanda. Mentre setacciava il fondo della cava, aveva trovato un pettinino da donna tra le pietre vicino a dove era stato rinvenuto il corpo. Forse Minnie ne aveva perso uno simile?

Lei arrossí e disse di sí.

Poteva spiegare come fosse finito in fondo alla cava se non si era avvicinata a quel luogo?

Le veniva in mente solo che forse, durante una delle colluttazioni con Naysmith-Jones di quella notte, lui gliel'aveva strappato dalla testa e l'aveva tenuto, magari in ricordo della sua passata malvagità.

Oppure, nel suo stato di stordimento dovuto all'alcol, suggerí Holmes, gliel'aveva strappato mentre lei lo conduceva verso l'orlo del precipizio e lo spingeva giú?

No! Non era vero! Lei non avrebbe mai potuto fare una cosa simile. Come aveva detto, non si era mai avvicinata alla cava.

Holmes aveva interrogato Minnie nel suo cottage. Mentre se ne andava, incrociò il suo fidanzato vicino al cancello del giardino. I due uomini si scambiarono un breve saluto, quindi si separarono. Mentre Ernest Pottinger proseguiva lungo il vialetto verso il cottage, Sherlock Holmes si inginocchiò dietro la siepe, fingendo di dover allacciare le stringhe delle scarpe. Voleva sentire come si salutavano i due fidanzati.

– Ebbene, mia cara, – sentí dire a Ernest mentre Minnie apriva la porta, – immagino che non ci sarà nessun «momento Stonehenge» per Tess di Litchburn.

– No, angelo mio, – rise lei. – Sono molto piú intrepida della ragazza del vecchio Tom, ha-ha!

Dopodiché entrarono, e Holmes non sentí piú nulla. Per qualche istante rifletté sulle loro parole, poi lasciò perdere, liquidandole come il genere di smancerie intime che a volte si scambiano gli innamorati. O cosí almeno aveva sentito dire. Non aveva alcuna esperienza diretta di simili banalità.

In base alle prove fornite da Holmes, Minnie Dean fu processata presso il tribunale penale di Oxford per l'omicidio di Maxwell Naysmith-Jones. Fin dall'inizio, l'*Oxford Times* prese decisamente le parti della «graziosa fanciulla che per tutta la vita era stata tormentata da un furfante alcolizzato e approfittatore» ed espresse chiaramente come avrebbe dovuto comportarsi la giuria. Dopo dodici ore di accesi dibattiti, la sentenza accontentò l'opinione pubblica: Minnie Dean fu dichiarata non colpevole dell'omicidio di Maxwell Naysmith-Jones.

Holmes non rimase sorpreso dal verdetto, pur essendo convinto che esso fosse sbagliato. – Non è da me, Watson, – confessò, – ma sono sicuro di aver trascurato una prova di vitale importanza. Ma che io sia dannato se so qual è.

Aveva ragione. Gli era sfuggita una prova che, se presentata ai membri della giuria, molto probabilmente li avrebbe convinti a esprimere un verdetto di colpevolezza.

Di quale prova si trattava?

24

Il caso del segreto del chirurgo

Come abbiamo visto nel «Caso della signora Accigliata», a Holmes piaceva risolvere il piú rapidamente possibile i misteri che venivano portati alla sua attenzione. La storia che segue, ricostruita dagli appunti di Watson, è un altro esempio di come il grande detective sapesse trovare una soluzione ai problemi dei clienti senza lasciare Baker Street.

All'inizio del ventesimo secolo, Lord Edward Frogmore, un giovane baronetto di considerevole fortuna, si presentò nell'appartamento di Holmes in chiaro stato d'agitazione per discutere quella che definí «una questione strettamente personale». Holmes disse che non era un prete, ma che avrebbe fatto quello che poteva per una parcella di cinquecento sterline. Il Lord firmò immediatamente un assegno per tale somma e lo posò sul tavolo davanti a sé.

Poi spiegò che, come forse avevano letto sui giornali, era fidanzato con Agnes Axelson, la figlia ventunenne di Roald Axelson, un prospero fabbricante di locomotive a vapore americano. I due si erano conosciuti mentre la giovane viaggiava per l'Europa insieme al padre. Sua madre, che era rimasta a casa per adempiere a «impegni pressanti», sarebbe arrivata a Southampton in tempo per le nozze, che si sarebbero celebrate entro la fine dell'anno presso la casa del padre di Lord Frogmore, il duca del Sussex.

Lord Edward amava la fidanzata con tutto il cuore e aveva ogni ragione di credere che i suoi sentimenti fossero ricambiati. Immaginate dunque la sua costernazione quando, guardando casualmente il foglio di carta assorbente con cui lei aveva tamponato una lettera, aveva riconosciuto l'impronta di questo scritto:

...ti amerò sempre
con tutto il mio cuore...

La mente sveglia del giovane aveva immediatamente girato le parole scoprendone il significato:

...ti amerò sempre
con tutto il mio cuore...

Aveva resistito alla tentazione di chiedere subito spiegazioni ad Agnes e aveva atteso di essere da solo con lei per domandarle, con piú noncuranza possibile, a chi avesse scritto.

Quando lei gli aveva risposto con un'allegra risata: «Oh, solo un breve biglietto al mio chirurgo», per poi cambiare subito argomento, il sospetto si era impadronito della mente del giovane Lord. Sapeva poco del passato della fidanzata, ma era al corrente del fatto che, dieci mesi prima, mentre era ancora negli Stati Uniti, aveva sofferto di un grave disturbo «intimo» che un chirurgo aveva curato con pieno successo.

Data la natura delicata del problema, Lord Edward non aveva fatto altre domande. Ma adesso... era evidente! Agnes si era innamorata dell'affascinante giovane chirurgo che l'aveva liberata da quella fastidiosa malattia. Per di piú, il medico doveva averla esaminata in modo approfondito. Quel pensiero aveva acceso la fertile immaginazione del Lord, attizzando la sua gelosia. La relazione spiegava anche il suo viaggio in Europa: probabilmente, suo padre disapprovava l'unione e l'aveva portata oltre l'Atlantico per allontanarla dal suo seduttore. Ma il piano doveva essere fallito... Lei avrebbe sempre amato il suo chirurgo, e l'aveva addirittura messo nero su bianco.

Se avesse rotto il fidanzamento, concluse Lord Frogmore, si sarebbe reso ridicolo e avrebbe portato la vergogna su di sé e sulla sua famiglia. Ma cos'altro poteva fare?

Mentre il nobile parlava, Holmes aveva tirato giú un album di ritagli di giornale e aveva cercato un servizio intitolato «Bisturi in gonnella: la medicina moderna in America». Quando il cliente finí la sua storia, aveva ancora l'articolo davanti a sé.

– Sareste cosí buono da ricordarmi il nome della vostra fidanzata, signore? – chiese, segnando con un dito una riga dell'articolo.

– Agnes Axelson.

– Mi potreste fare lo spelling del cognome?

– A X E L S O N.

– In tal caso, – disse Holmes alzandosi e rimettendo a posto l'album di ritagli sullo scaffale, – mi è molto chiaro cosa dovreste fare –. Si avvicinò al tavolo e prese in mano l'assegno intestato a suo nome.

Lord Frogmore si sporse verso di lui e disse in tono ansioso: – E cioè, signor Holmes?

– Continuate a comportarvi esattamente come prima dello sfortunato episodio della carta assorbente. Vi assicuro che non avete nulla da temere da questo chirurgo.

Come poteva esserne tanto sicuro?

25

L'avventura della banda di Archway

Uno degli ultimi casi riportati negli appunti di Watson riguardava l'uso, o l'abuso, da parte del mondo criminale della rete telefonica, in rapida espansione agli inizi del ventesimo secolo. Il caso ruotava intorno a una serie di audaci rapine che avevano colpito alcune banche nella zona di Highgate Archway, nell'estate del 1911.

In pieno giorno, tre uomini mascherati, armati con pistole di grosso calibro, si erano introdotti in filiali della Westminster, della National Provincial e della Lloyds Bank. Dopo aver terrorizzato clienti e personale sparando vari colpi di pistola, uccidendo un cliente nel corso di un attacco e ferendo gravemente un cassiere in un altro episodio, la banda aveva minacciato di uccidere tutti coloro che si trovavano nell'edificio a meno che non venisse consegnato loro «tutto il denaro disponibile». A ogni incursione, i ladri erano fuggiti con piú di diecimila sterline infilate in un grosso borsone di cuoio.

La polizia metropolitana passò al setaccio il mondo della malavita alla ricerca di informazioni utili a identificare i rapinatori. Ma coloro che, in circostanze normali, avrebbero collaborato volentieri in cambio di una ricompensa tennero la bocca chiusa per timore di rappresaglie. Chiunque fossero i membri della «banda di Archway», come li chiamava la stampa, erano certamente spietati e senza scrupoli.

Il coraggio di un passante aveva finalmente messo fine alle rapine. L'uomo, che si era trovato vicino alla porta di una filiale della Lloyds Bank mentre i ladri correvano fuori con il bottino, aveva afferrato il fazzoletto rosso con cui l'ultimo rapinatore si era coperto il volto. Il triangolo

di stoffa era caduto, rivelando la faccia inconfondibile di Jo Yendle, un famigerato criminale che era già stato due volte in carcere per furto. Il delinquente si era voltato e aveva atterrato il suo assalitore colpendolo con il calcio della pistola. Quasi certamente l'avrebbe ucciso, se la folla accorsa non l'avesse bloccato a terra, dove fu trattenuto fino all'arrivo della polizia. Nel frattempo, gli altri due membri della banda erano scappati con un'automobile rubata.

Benché fosse accusato di omicidio, oltre agli altri reati, Yendle si rifiutò di rivelare i nomi dei due fuggiaschi. L'unico oggetto d'interesse in suo possesso al momento dell'arresto era un taccuino per appunti. Conteneva alcune date e numeri scarabocchiati in fretta in quella che fu identificata come la grafia di Yendle. Una pagina sembrava di particolare rilevanza. Con il titolo «Accordo», era riportata una serie di numeri di telefono con sotto delle percentuali:

HAMPSTEAD	847
ABBEY	758
MOORGATE	212
PADDINGTON	887
DILIGENCE	001
EDGWARE	666
NATIONAL	992
= 30%	= 15%

Quando la polizia chiese al centralino di chiamare quei numeri, le fu comunicato che alcuni di essi non esistevano mentre gli altri erano di intestatari che non avevano alcun legame con attività criminali.

Alla fine, gli ispettori che lavoravano al caso portarono il taccuino a Sherlock Holmes nella speranza che lui potesse scoprire il significato di quei numeri. Nel giro di venti minuti, il celebre investigatore aveva rivelato il nome dei due membri mancanti della banda di Archway.

Chi erano?

Soluzioni

Soluzioni

Il mistero del barone Galtür

Riportiamo di seguito i suggerimenti di Holmes all'avvocato viennese del barone Galtür:

1. *Controllare* il numero di scarpe del barone e dei due fratelli von Wasptakker. Holmes sospettava che fossero esattamente identici, o che i piedi di George fossero leggermente piú piccoli di quelli degli altri due uomini. Questo gli avrebbe consentito di indossare le loro scarpe.
2. *Chiedere* al locale agente di polizia, al proprietario dell'albergo e agli ispettori se avessero esaminato i cornicioni del tetto della locanda durante i cinque giorni di freddo intenso che avevano seguito la notte dell'omicidio. Avevano forse notato una grossa stalattite di ghiaccio spezzata vicino alla finestra della camera di Egmont? In tal caso, quella era l'arma del delitto, non la baionetta nella sala d'onore del castello.
3. Se possibile, *interrogare* di nuovo George von Wasptakker, oppure rileggere con attenzione la trascrizione del suo interrogatorio con gli ispettori. Egmont aveva dichiarato che suo fratello era piú innamorato di Elizabeth di quanto non fosse lui stesso: come avrebbe reagito un giovane cosí serio e appassionato alla scoperta che la sua amata era stata sedotta da un donnaiolo senza cuore, anche se quel donnaiolo era suo fratello?

4. Chiedere al proprietario e al personale della locanda com'era il rapporto tra i due fratelli von Wasptakker. Erano sempre andati d'accordo? Avevano litigato? In tal caso, per quale ragione?

Avendo seguito i suggerimenti di Holmes, l'avvocato viennese poté presentare alla corte una versione alternativa plausibile degli eventi della notte dell'assassinio. Venuto a conoscenza del comportamento del fratello verso Elizabeth, fanciulla che lui amava con casta passione, George von Wasptakker, distrutto dalla gelosia, fu preso da una furia incontrollabile. Quando sentí dire al barone che avrebbe ucciso Egmont, si convinse che lui stesso avrebbe dovuto commettere il delitto per vendicarsi della malvagità del fratello e proteggere ciò che restava dell'onore della sua amata. Una volta tolto di mezzo Egmont e con il barone impiccato o condannato all'ergastolo, pianificava di sposare Elizabeth e prendersi cura del bambino che portava in grembo.

Il primo passo fu assassinare Egmont.

George pugnalò il fratello al collo con una lunga stalattite di ghiaccio che aveva staccato dalla finestra del giovane addormentato. Un colpo fu sufficiente, dopodiché tenne l'arma del delitto davanti al caminetto, facendola sciogliere e spegnendo il fuoco.

Il secondo passo fu incriminare il barone. George prese la chiave del castello dalla tasca di Egmont, indossò gli stivali del fratello e s'incamminò nella neve fresca fino alla porta di servizio del maniero. Una volta entrato, si tolse gli stivali del fratello e ne infilò un paio del barone, che erano stati lasciati lí per essere lucidati. Dopo aver pulito una delle baionette appese nella sala d'onore, George uscí dalla porta principale, camminò fino alla locanda e tornò ancora una volta al castello. Adesso, le impronte indicavano che il barone era andato alla locanda e poi era tornato indietro.

George non dovette fare altro che rimettere al loro posto gli stivali del barone, indossare di nuovo quelli del fratello morto, tornare alla locanda e mettersi a letto. La trappola era tesa. Al mattino, avrebbe finto orrore e sorpresa alla scoperta del corpo del fratello, e perplessità di fronte alle impronte nella neve e alla baionetta pulita. Poi, naturalmente, si sarebbe ricordato delle minacce del barone...

Anche se l'avvocato riuscí a far scagionare il barone, toccava a George confermare la propria colpevolezza. Lo fece scrivendo una piena confessione, quindi si sparò, un pomeriggio, nel bosco viennese. L'atto confermò l'interpretazione di Holmes... e gli fece guadagnare cinque ghinee dategli da un dottor Watson profondamente impressionato.

L'avventura dell'*Adelaide Star*

Holmes, perennemente incuriosito dai meccanismi della mente criminale, si insospettí nel momento in cui sentí la storia della morte improvvisa del marito della signora

Thriepland, della sepoltura in mare e del furto dei diamanti. Era difficile credere a una simile serie di coincidenze.

Il telegramma presumibilmente inviato dal signor Thriepland all'amante già imbarcata non fece che accrescere i suoi dubbi. Perché mandare un telegramma quando poteva comunicare con lei di persona? Forse il messaggio chiedeva alla giovane donna di parlare solo con gli occhi perché non poteva comunicare apertamente con colui che l'aveva mandato? In tal caso, il «Teddy» del telegramma non era il signor Edward Thriepland. Inoltre, il consumato uomo d'affari era davvero tipo da rivolgersi all'amante con smancerie semipoetiche («occhi lucenti» e «future gemme»)? Non era piú probabile che quelle parole si riferissero ai diamanti? Anche la citazione di Lady Macbeth che espone il suo piano per l'assassinio del re («il resto lascialo a me») era particolarmente sospetta.

La situazione divenne piú chiara a Hatton Garden, dove Holmes venne a sapere che un tizio delle colonie stava cercando di vendere dei diamanti grezzi. Se si trattava delle gemme del signor Thriepland, allora la falsa moglie non aveva agito da sola. Il complice era forse il misterioso «Teddy» del telegramma? La visita di Holmes agli uffici della O&C strinse ancor piú la rete intorno al colpevole. Il secondo nome del dottor Hogwin E. Palfrey, il medico che si era imbarcato con brevissimo preavviso sulla *Adelaide Star*, era Edward.

– Se foste stato battezzato «Hogwin», mio caro Watson, non avreste scelto di farvi chiamare con il vostro secondo nome? – osservò Holmes mentre ritornava in Baker Street.

I colloqui con il capitano Penprase e con Nancy Denne non fecero che completare il quadro che Holmes si era fatto del piano omicida. Il dottor Palfrey era un crudele malfattore disposto a tutto pur di diventare ricco. La sua fidanzata, Emma Trowbridge, segretaria presso la Colonial Gems di Melbourne, ne era follemente innamorata e anche lei era bramosa di ricchezze. Spinta da Palfrey, era diventata l'amante del suo principale, Edward Thriepland, e l'aveva convinto con le lusinghe a procurarle un passaporto falso e a portarla con sé in Inghilterra nei panni di sua moglie. Per imbarcarsi con lei sul transatlantico in partenza per il Regno Unito, Palfrey aveva fatto venire un improvviso malore al medico di bordo somministrandogli una blanda dose di veleno e aveva preso il suo posto.

Ora che la falsa signora Thriepland e il dottor Palfrey erano insieme, agirono di concerto per eliminare la vittima delle loro macchinazioni e rubare i diamanti. Holmes capí subito che la diagnosi di attacco cardiaco del dottore era falsa: l'infarto del miocardio, infatti, provoca invariabilmente sudorazione, mentre il capitano aveva detto che la pelle del signor Thriepland era asciutta; inoltre, il moribondo aveva tentato di chiamare l'assistente di bordo muovendo il braccio sinistro, arto che sarebbe stato bloccato in caso di attacco cardiaco. A Holmes parve strano anche che il dottore avesse la borsa pronta vicino alla porta quando Nancy, l'assistente di bordo, era andata a chiamarlo. Sembrava quasi che sapesse già quello che stava per succedere.

Al piú eminente esperto mondiale di veleni, il fatto che

Nancy avesse trovato il dottor Palfrey intento a mangiare amaretti non fece che confermare ciò che immaginava: Holmes identificò all'istante il caratteristico odore del cianuro di potassio. Gli amaretti erano semplicemente un modo per coprire l'odore. Era questa sostanza, e non la morfina, che il dottor Palfrey aveva iniettato al signor Thriepland, e la dose si era dimostrata fatale. I violenti dolori allo stomaco di cui l'uomo aveva sofferto in precedenza erano probabilmente dovuti all'ingestione di un veleno piú leggero, versato di nascosto nel tè pomeridiano dalla sua amante. Senza dubbio, la sostanza le era stata procurata dal dottore, e probabilmente era la stessa utilizzata per mettere fuori gioco il vero medico di bordo, a Melbourne.

Holmes dovette ammettere che la sepoltura in mare era stata «un tocco di genio malvagio». L'investigatore poteva far accusare il dottor Palfrey e la sua complice del furto dei diamanti, ma le prove del loro coinvolgimento in un delitto molto piú grave giacevano sul fondo dell'Atlantico meridionale.

Tuttavia, come spesso capita, il criminale fece il passo piú lungo della gamba. Sposandosi con Emma Trowbridge, il dottor Palfrey credeva di poter garantire il suo silenzio. Ma quando la donna confessò di essere tormentata dai sensi di colpa per quello che aveva fatto, decise di sbarazzarsi di lei. Ancora una volta, il veleno fu il metodo d'elezione, questa volta somministrato in un periodo di piú settimane.

Esaminando il corpo di Emma durante la sua visita all'impresa di pompe funebri, Holmes vi scoprí tracce di arsenico. I diamanti del signor Thriepland furono recuperati in una cassaforte nella cantina del medico e il dottor «Teddy» Palfrey venne dichiarato colpevole di furto e di un omicidio. Holmes rimase convinto che gli omicidi commessi fossero due.

Il mistero del letterato pugnalato

L'assenza di rossetto sul bordo di entrambi i bicchieri trovati nella stanza del professor Thomas indusse subito Holmes a escludere Hélène La Chaise dai sospettati dell'omicidio. Per di piú, l'utilizzo di un ferro da calza, sempre che questa fosse davvero l'arma del delitto, avrebbe implicato la premeditazione... allora perché il rumoroso litigio?

Hélène aveva certamente le sue ragioni per desiderare che Thomas fosse messo a tacere, ma anche Wynberg. Entrambi avevano una reputazione da salvare.

L'interpretazione alternativa delle parole udite dallo studente specializzando è la seguente:

«Helen» non era l'amante del professore, ma Elena di Troia, «il volto che lanciò mille navi» nella *Tragica storia del Dottor Faust* di Christopher Marlowe. Quella che allo studente era apparsa come la parola «debito» altro non era che una pronuncia affrettata di «Deptford», il luogo dove il drammaturgo era stato assassinato. Il termine «altroché», o piú precisamente «altro che», si collegava bene alle parole ripetute da Wynberg: «spio un corno». Quando Thomas aveva definito Marlowe «null'altro che una spia», l'americano ubriaco era andato su tutte le furie e aveva commesso l'omicidio. Dopodiché, ancora annebbiato dall'alcol, aveva continuato a confutare la calunnia. Ma le sue parole «Una spia? Un corno!» erano state mal interpretate dal portinaio.

E l'arma del delitto? La penna d'oca. In preda ai fumi dell'alcol e provocato dalle frecciate accademiche del collega, Wynberg aveva estratto lo strumento di tasca e l'aveva conficcato nell'occhio di Thomas, replicando la modalità della morte di Marlowe in un pub di Deptford, nel 1593. L'ispettore di Oxford, armato di una lente presa in prestito da Sherlock Holmes, trovò tracce sospette di una sostanza bruno-rossastra dentro il pennino. Le pionieristiche conoscenze di chimica di Holmes dimostrarono che si trattava di sangue umano.

Messo di fronte a queste prove schiaccianti, Wynberg confessò il delitto e fu processato presso la Corte d'Assise di Oxford.

La signora del Kent

Una serie di sospetti e incongruenze spinsero Holmes a dubitare della veridicità della storia della signora Elizabeth Flowers.

Primo, la macchia sul suo stivaletto. Watson l'aveva scambiata per una bruciatura, ma Holmes la interpretò correttamente come una corrosione del cuoio causata da sostanze chimiche. Cosa ci faceva la signora con simili sostanze se ormai non lavorava piú da molti anni nel laboratorio di Gregory Flowers?

Secondo, il suo comportamento. Il suo pianto isterico era troppo convincente per essere vero e Holmes sospettò che avesse un passato da attrice. Questo si collegava ai suoi dubbi sulle profonde occhiaie nere della donna. Lo stesso Holmes era un esperto di trucco e travestimenti e la gran cura con cui la signora Flowers si era asciugata le lacrime, facendo attenzione a non fare sbavature, lo convinse che i cerchi scuri erano prodotti dal cerone, e non dall'insonnia. La donna, inoltre, aveva attinto al suo passato di attrice utilizzando il termine «a sinistra del palcoscenico» per spiegare la posizione del bicchiere di vino di Wincott Flowers.

Terzo, come scrive Watson citando Shakespeare, «la signora protesta troppo». Se le argomentazioni contro Gregory Flowers erano cosí fondate, perché non rivolgersi alla polizia? O perlomeno parlarne con suo marito: la scusa secondo cui non voleva «metterlo ingiustificatamente in allarme» era troppo debole. Puntando il dito con tanta veemenza contro Gregory, Elizabeth Flowers aveva impiegato un vecchio trucco che Holmes smascherò quasi immediatamente.

Quarto, se davvero la donna avesse preso un treno da Tunbridge Wells a Victoria Station intorno a mezzogiorno e si fosse recata direttamente a Baker Street come affermava, sarebbe arrivata nel primo pomeriggio. Invece, era arrivata all'imbrunire. Dove era stata, si chiese Holmes, nelle ore precedenti?

Quinto, la carrozza che l'aveva portata a Baker Street era venuta da nord. Il fatto che Watson vedesse Holmes illuminato dal sole calante mentre entrava nel salotto dell'amico ci ricorda che l'appartamento al 221B era rivolto a ovest e quindi si affacciava sul lato della strada in cui il traffico andava a sud. Holmes vide la carrozza accostarsi al marciapiede di fronte a casa; in altre parole, la donna stava viaggiando da nord verso sud. Aveva detto di essere venuta direttamente da Victoria Station (che si trova a sud di Baker Street). Questa era una menzogna. Se fosse veramente venuta da sud, si sarebbe fermata dall'altro lato della strada e per raggiungere il 221B avrebbe dovuto attraversarla.

Per concludere, il fine e allenato olfatto di Holmes aveva riconosciuto l'odore di fumo di sigarette sui suoi abiti. Questo di per sé bastò ad alimentare i suoi crescenti sospetti. In seguito, spiegò alla polizia che era riuscito perfino a identificare il tabacco, una miscela rara che vendeva solo un tabaccaio di Swiss Cottage. Dato che né lei né Edward fumavano, e le probabilità che avesse viaggiato sul treno insieme a qualcuno che fumava proprio quelle particolari sigarette erano minime, Holmes dedusse che la donna non era venuta da Victoria Station, ma da un incontro segreto con qualcuno che abitava nel quartiere settentrionale di Swiss Cottage, qualcuno che fumava sigarette.

L'odore di tabacco sugli abiti della signora Flowers, il suo arrivo in carrozza dal Nord di Londra e la mancata spiegazione di come avesse passato le ore del pomeriggio precedenti alla visita in Baker Street suggerivano che probabilmente la signora aveva un movente di natura amorosa, oltre che finanziaria, per desiderare di sbarazzarsi del marito.

L'investigatore comunicò senza indugio i propri sospetti a Scotland Yard. Rapide indagini svelarono che Elizabeth Flowers aveva effettivamente un amante che abitava nel Nord di Londra. Il suo nome era William Gramolt e lo conosceva dai tempi in cui lavorava in teatro, in gioventú. In seguito, la coppia confessò di aver escogitato un elaborato piano per derubare la famiglia Flowers della sua fortuna.

Per Elizabeth, il primo passo era stato insinuarsi nel laboratorio di Gregory Flowers, da dove aveva attinto le sue conoscenze sui veleni. Inoltre, il lavoro l'aveva messa in contatto con Edward, che aveva sedotto e convinto a sposarla dicendogli di essere incinta. Non lo era – e la sua ammissione di non avere figli dopo cinque anni di matrimonio era un'altra ragione che indusse Holmes a sospettare che la sua unione con Edward non fosse cosí affettuosa come aveva affermato durante la sua visita in Baker Street.

L'ultima fase del perfido intrigo prevedeva l'avvelenamento di Edward, che avrebbe lasciato la moglie unica erede della sua fortuna e reso Gregory il principale sospettato. Alla coppia di criminali non importava se l'uomo fosse finito sulla forca, purché l'attenzione fosse distolta da loro stessi.

Rivolgersi a Sherlock Holmes per avvertirlo del pericolo che incombeva su Edward era stata una mossa intelligente, ma pericolosa. Nel farlo, Elizabeth aveva sottovalutato le sue capacità: invece di puntare i riflettori del sospetto su Gregory, non aveva fatto altro che spostarli su di sé.

Gli appunti di Watson non rivelano cosa accadde a Elizabeth Flowers e a William Gramolt, ma lo possiamo immaginare. L'ultima parola riguardo al caso viene da Sherlock Holmes in persona.

In calce agli appunti sulla «Signora del Kent», Watson scrisse:

Mentre tornavamo in Baker Street in carrozza, chiesi al mio amico cosa gli avesse insegnato quell'ultima avventura.
– Assolutamente nulla, mio caro Watson, – rispose lui, – anche se ha confermato una delle mie regole d'oro.
– Ah! Posso chiedervi di che regola si tratta?
Holmes tacque per un secondo e l'ombra di un sorriso si dipinse sulle sue labbra sottili. – Tristemente, è un principio che voi e i romantici come voi non sarete mai in grado di seguire, Watson: mai, in alcuna circostanza, permettere che un bel viso distragga dalle vie della ragione.

Il caso della spilla smaltata

Quando Emily de Chablis implorò Holmes di rivelare qualcosa in piú sul suo lignaggio, una strana espressione apparve sul volto dell'investigatore. Dopo averle rivolto un altro sguardo penetrante, alzò gli occhi al soffitto, poi li abbassò verso i propri piedi. Watson non poteva crederci: per un minuto buono, Sherlock Holmes rimase senza parole!

Quando finalmente parlò, lo fece «in un tono stranamente riservato, come se le parole venissero spremute da lui come il succo da un limone». Per prima cosa, disse di ricordare l'omicidio di monsieur Édouard de Chablis, avendo letto articoli al riguardo sulla stampa francese. Tossicchiò prima di continuare. Lo sfortunato gentiluomo era stato assassinato dai comunisti solo perché era un intimo confidente di Louis-Philippe Albert d'Orléans, conte di Parigi, ritenuto dai monarchici francesi il legittimo re di Francia. Alcuni dicevano – e, di nuovo, Holmes tossicchiò nervosamente – che in realtà Édouard de Chablis era imparentato con il conte. In altre parole, aveva sangue reale.

La notizia rallegrò la signorina de Chablis. Questo, disse, spiegava il prezioso gioiello e il perché sua madre fosse fuggita in Inghilterra nell'indigenza, temendo di essere la prossima sulla lista degli assassini. – Posso dunque riferire al mio futuro suocero che, secondo nientemeno che il grande Sherlock Holmes, probabilmente nelle mie vene scorre sangue reale? – chiese la signorina mentre si alzava per andarsene.

Holmes annuí. – Assolutamente sí, signorina de Chablis. Assolutamente sí.

Nel momento in cui la porta si chiuse alle sue spalle, Holmes mormorò: – Be', ho mentito solo a metà, vero, Watson? Poveretta! Non spetta certo a noi spezzarle il cuore, rivelare la sua illegittimità e metterla al centro di uno scandalo nazionale, non siete d'accordo?

Di fronte allo sconcerto di Watson, Holmes trasse un sospiro e si domandò come una persona cosí incapace di cogliere l'evidenza dei fatti potesse formulare una diagnosi medica corretta. Poi spiegò com'era giunto alla sua conclusione.

I suoi sospetti si erano destati nell'istante in cui aveva posato gli occhi sulla giovane donna. A differenza di Watson, aveva capito subito a chi assomigliava. La spilla e l'età lo confermarono. «Chab» non era l'abbreviazione di «Chablis», ma di «Le Chabanais», il piú famoso bordello di Parigi, un'istituzione che annoverava tra i suoi clienti uomini di stato e membri della famiglia reale. Durante la sua permanenza a Parigi, Liza Wilkins si era mantenuta con l'insegnamento, ma le sue lezioni non erano certo di grammatica inglese. Che avesse sangue blu o no, Édouard de Chablis non era mai esistito: il titolo «de Chablis» e il nome «Édouard», versione francese del nome di suo padre, erano stati inventati per dare rispettabilità alla gravidanza.

Il nome «Edward» sulla spilla non era la versione anglicizzata di «Édouard», ma il vero nome del donatore del gioiello: il principe Edward, figlio maggiore della regina Vittoria. Noto frequentatore del bordello a cinque stelle al tempo del concepimento di Emily de Chablis, il principe dello Chabanais aveva con ogni probabilità donato la spilla smaltata a Liza Wilkins in segno di reale gratitudine per i servigi resi.

E l'aspetto fisico di Emily de Chablis? Quando Watson affermò che non assomigliava affatto al principe Edward, il futuro Edoardo VII, Holmes sbottò esasperato: – No, mio caro Watson! La ragazza non assomiglia a suo padre, ma a sua nonna. Non ve ne siete accorto? È il ritratto sputato della regina Vittoria da giovane. Watson non scrive quale fu la sua reazione a quella notizia, ma l'etichetta PS spiega perché ritenesse meglio per tutti gli interessati che la storia restasse tra le mura del 221B di Baker Street.

Il mistero del quarto trombone

«Il mistero del quarto trombone» è un insolito esempio dell'utilizzo da parte di Holmes delle proprie conoscenze musicali per il perseguimento della giustizia.

A suscitare i dubbi dell'investigatore furono alcuni fattori concomitanti. Il primo fu l'improvvisa assenza di de Mainville dall'orchestra. La cosa in sé non era sospetta, ma lo divenne quando fu associata ad altri insoliti avvenimenti.

Uno di questi fu il fatto che Horváth mettesse un orologio da taschino sul leggio vicino allo spartito. La cosa stuzzicò immediatamente la curiosità di Holmes, il quale non aveva mai visto né sentito nulla di simile. La situazione divenne un po' piú chiara quando il direttore cominciò a inserire nella musica dei *rallentando* e *accelerando* apparentemente casuali, come notò Holmes quando tentò invano di battere il tempo con le dita. Il disorientamento degli orchestrali confermò che stava succedendo qualcosa di insolito. L'unica spiegazione era che Horváth stesse dirigendo l'*Ouverture* secondo delle sue rigide tempistiche.

L'investigatore non aveva idea del perché stesse facendo questo finché non apprese della morte di de Mainville, causata da un colpo d'arma da fuoco mentre l'*Ouverture* di Čajkovskij era giunta al suo momento piú assordante. Il suicidio del quarto trombone in quel preciso istante sarebbe potuto essere una straordinaria coincidenza... ma certo non se il direttore aveva «pilotato» la musica in modo che questa coprisse ciò che stava succedendo nella Stanza Verde.

La polizia metropolitana, avvertita da Holmes, effettuò un'indagine accurata sulla morte di de Mainville e, come aveva temuto l'investigatore, scoprí un efferato complotto.

Oltre a essere un brillante musicista, Oskar Horváth era un giocatore incallito. De Mainville era un musicista meno geniale ma, essendo l'unico figlio di un importante banchiere, era molto piú ricco. In privato, Horváth si era fatto prestare da lui enormi somme di denaro. All'ennesimo mancato pagamento dei debiti, il suonatore di trombone aveva minacciato di rendere pubblica la faccenda e il disperato direttore d'orchestra aveva usato le ultime sterline che gli rimanevano per assoldare un sicario.

Horváth e l'assassino escogitarono quello che speravano sarebbe stato un piano perfetto. Il direttore d'orchestra pagò un medico fallito, smanioso di guadagnare qualche ghinea, perché gli fornisse una sostanza che provocasse nel trombonista un malessere improvviso e violento. L'assassino dunque entrò sotto falso nome nel personale di servizio del ristorante del teatro e mise il veleno in un panino, che serví alla vittima nella pausa tra la cantata e l'*Ouverture*. Mentre gli altri suonatori tornavano sul palco, de Mainville si scusò frettolosamente, corse in bagno e fu colto da un violento attacco di vomito. L'assassino attese che la Sala Verde fosse vuota, poi lo seguí. In corrispondenza del fragoroso tuonare dei timpani, precisamente alle 17:53, gli sparò, quindi lasciò l'arma del delitto vicino al corpo. L'ipotesi della polizia di un suicidio in seguito a una possibile depressione aggravata da una forte influenza intestinale fu accantonata e la giustizia seguí il suo implacabile corso per Horváth e il suo complice.

– La sincronia di quei due era perfetta, – osservò Holmes seccamente mentre lui e Watson discutevano del caso, qualche settimana piú tardi. – Con un'unica eccezione.

– E cioè?

– Non è stato molto astuto pianificare un assassinio durante un concerto a cui io ero presente, vero, Watson?

Il mistero del poeta strangolato

Holmes aveva escluso Lord Abbas dai sospetti nel momento in cui l'aveva conosciuto. Solo un uomo di notevole sottigliezza avrebbe rischiato di reclutare un investigatore per risolvere un delitto che lui stesso aveva commesso. Visto che non c'era alcuna prova di effrazione, l'omicidio doveva essere stato compiuto da una persona interna alla Cranmer House. L'idea che si era fatto Lord Abbas del comportamento di Fawcett era un movente plausibile e Holmes ammise che questo l'aveva effettivamente depistato per un po'.

Ma il colloquio con la governante, la signora Mussett, l'aveva riportato sulla pista giusta. Una seducente vedova che amava ogni minuto trascorso alla Cranmer House; un giovane estremamente attraente che andava da lei accusando acidità di stomaco; un poeta che si scagliava contro la «tempesta» che imperversava sopra di lui e decideva di rivelare ciò che aborriva. Non era difficile farsi un quadro della situazione.

Entrambi i colpevoli commisero gravi errori durante i colloqui con Holmes. In un convitto in cui i rapporti erano rigidamente formali, la signora Mussett aveva piú volte fatto riferimento al rappresentante della scuola chiamandolo «Sebastian». E in una notte tempestosa in cui si sarebbe dovuto trovare nel suo letto nel dormitorio rivolto a sudovest, Crawley aveva detto di aver sentito l'orologio battere la mezzanotte e mezza: con quel vento impetuoso, ciò sarebbe stato possibile solo se si fosse trovato vicino a una finestra aperta dal lato sottovento dell'edificio che dava verso la chiesa. Visto che la porta della cucina era chiusa a chiave, il giovane doveva essersi trovato nello studio di Fawcett nel momento in cui era stato strangolato.

Nell'appartamento della governante, Granger trovò due biglietti per il traghetto da Weymouth a Barfleur. Avendo saputo da Wray che Lord Abbas si era rivolto al celebre Sherlock Holmes, la mattina del suo arrivo la signora Mussett era andata a Weymouth non per fare visita alla sorella, ma per acquistare i biglietti. Aveva intenzione di fuggire in Francia con il giovane amante l'indomani sera.

Alla scoperta dei biglietti, la governante confessò di aver progettato di fuggire con Sebastian Crawley. La loro non era altro che una storia d'amore, disse, e non aveva nulla a che fare con la tragica morte del povero Fawcett. Il suo amante non ebbe la stessa faccia tosta. Messo di fronte alle schiaccianti prove a suo sfavore, Crawley crollò sotto interrogatorio.

Nel disperato tentativo di evitare la forca, riversò tutta la colpa su Sophia Mussett. Disse che lei l'aveva sedotto quattro settimane prima e quando il loro rumoroso incontro segreto era stato interrotto da Fawcett, la notte della tempesta, l'aveva implorato di mettere a tacere l'uomo prima che rendesse pubblica la loro relazione, rovinandoli entrambi. Il sospetto, aveva aggiunto, sarebbe caduto su Lord Abbas, le cui minacce contro Fawcett erano note a tutti. Succube della bellezza della donna, Crawley aveva seguito il tutore al piano di sotto e l'aveva strangolato nel suo studio.

– Incredibile cosa siano disposti a fare gli uomini quando il buon vecchio cuore si mette a battere, eh? – mormorò Lord Abbas mentre consegnava a Holmes l'assegno con la seconda metà del compenso.

Holmes non rispose.

L'avventura del piromane di Axelbury

L'indagine sulla scomparsa della collana della signorina Teasebury era stata condotta dalla polizia del Somerset. I loro sforzi si erano dimostrati vani nonostante la convinzione che il furto fosse opera di Piccard Grantham. Dopo il suo arresto per un altro reato, avevano deciso di accantonare il caso fino alla sua scarcerazione. Dopodiché, l'avrebbero tenuto sotto sorveglianza finché non li avesse condotti nel luogo dove aveva nascosto la collana.

– Se solo avessero fatto le domande giuste al momento del furto, – brontolò Holmes, – non avremmo dovuto perdere tempo per venire nel Somerset.

Watson decise di ignorare la seconda parte dell'affermazione e chiese all'amico quali fossero queste «domande giuste».

Ce n'erano quattro, spiegò Holmes. Uno, come faceva a sapere il ladro che gli abitanti della casa erano occupati e che quindi lui sarebbe potuto entrare indisturbato? Due, era solo un caso che avesse trovato la camera da letto della signorina Teasebury e che sapesse esattamente che cosa e dove cercare? Tre, com'era possibile che un uomo che non era mai stato al volante di un'automobile volesse fuggire guidandone una? Quattro, se l'intruso non stava cercando di avviare il motore, cosa ci faceva accanto al veicolo?

Ancor prima di lasciare Londra, Holmes aveva stabilito che il ladro doveva essere stato aiutato da qualcuno all'interno della villa, altrimenti come avrebbe fatto a sapere esattamente dove si trovava la collana? Quando sentí dei viaggi a Shepton Mallet, la cittadina dov'era incarcerato Grantham, Holmes restrinse i sospetti a due persone: l'autista Hazelhurst e la cameriera Molly.

Holmes aveva già considerato l'ipotesi che l'automobile fosse legata al furto (era sospetto che due reati di una certa entità fossero avvenuti nello stesso luogo, a mesi di distanza l'uno dall'altro), ma non sapeva come. I colloqui con Hazelhurst e con il cocchiere, che avevano rivelato le leggere differenze nelle modalità dell'incendio di Axelbury e degli altri quattro casi di piromania, suggerirono a Holmes che l'ultimo incidente era opera di un criminale diverso rispetto ai primi quattro. (Questa ipotesi si dimostrò corretta quando, una settimana piú tardi, un fabbro di Kingston St Mary fu colto in flagrante mentre tentava di dar fuoco a un garage piazzando una balla di fieno in fiamme davanti alla porta.)

Se il piromane di Axelbury era un emulatore che aveva usato i casi precedenti come copertura, chi era? E perché aveva voluto distruggere la Buick?

Hazelhurst era il sospetto piú ovvio, poiché aveva libero accesso all'automobile e al garage. In piú, l'esame del veicolo carbonizzato aveva fornito a Holmes un possibile movente. L'autista aveva detto che la sera del furto Grantham aveva tentato di accendere il motore della Buick. Holmes aveva capito che, in realtà, l'uomo stava nascondendo la collana rubata nel serbatoio della benzina. Forse, Hazelhurst l'aveva visto e aveva approfittato della distruzione del veicolo per manomettere il serbatoio e recuperare il gioiello. In alternativa, forse lui stesso aveva commesso il furto, inventando poi di aver visto Grantham come diversivo. Ma perché nascondere la collana nel serbatoio della benzina? E perché distruggere l'automobile quando avrebbe potuto facilmente armeggiare con il serbatoio senza destare sospetti?

No, Holmes stabilí che Hazelhurst non era il criminale che stava cercando.

Restavano Grantham e il suo complice. A un certo punto, l'ex pescatore di granchi doveva avere rivelato dove aveva nascosto il bottino, anche se per un po' nessuno dei due aveva saputo come fare per recuperarlo. Poi c'erano stati gli episodi di piromania. Grantham ne aveva sentito parlare dal suo complice durante una visita alla prigione di Shepton Mallet e insieme avevano escogitato un piano per mascherare il recupero della collana con l'incendio della Buick.

Seguendo questa linea di ragionamento, Holmes arrivò alla conclusione che il complice di Grantham doveva essere Molly, la sua innamorata segreta. Lei doveva sapere dove si trovava la collana e gli aveva dato le indicazioni necessarie per rubarla in una serata in cui era sicura che tutti sarebbero stati impegnati con il ricevimento.

Ma Holmes aveva bisogno di dimostrare la sua ipotesi. Una collana nascosta per settimane in un serbatoio avrebbe senza dubbio sprigionato almeno un leggero odore di benzina. Il raffreddore che tanto aveva preoccupato Watson non era altro che una scusa per poter annusare tutte le stanze in cui entrava a interrogare il personale di servizio della villa. Nella camera di Molly, Holmes sentí l'odore inconfondibile della benzina che emanava ancora il gioiello rubato.

La sua supposizione fu confermata da una telefonata al direttore del carcere di Shepton Mallet, il quale gli disse che una certa Molly Fish aveva fatto due volte visita a Piccard Grantham nel mese precedente.

Watson conclude i suoi appunti notando che, al contrario di quanto affermato da Holmes, il viaggio nel Somerset non era stato una perdita di tempo, per nessuno. L'agente Diggins aveva arrestato il suo uomo, anzi, la sua donna; Agatha Teasebury aveva recuperato la collana; Holmes aveva incassato un assegno da settecentocinquanta sterline; e Watson aveva potuto incontrare di persona la Colomba di Drury Lane.

Il mistero del cuculo marzolino

Holmes si accorse subito che alcuni dettagli nella storia di Lilly Phillips non quadravano. Innanzitutto, trovava poco convincente la ragione per cui Gustav Strauss non aveva voluto sposarsi. Una possibile spiegazione, ipotizzò, era che l'uomo non volesse rivelare il suo vero nome, cosa necessaria per legalizzare un matrimonio.

Il mistero del nome si infittí quando Holmes apprese che le lettere dall'estero (quasi certamente provenienti dalla Svizzera) erano indirizzate a «Sauber-Strauss». Visto che il mittente aveva affiancato il nome dell'orologio (che, secondo quanto affermato da Strauss, era quello di sua madre da nubile) a quello dell'inventore, forse l'autore era un suo parente da parte materna.

Cos'aveva spinto questa persona a scrivergli? Il fatto che lo facesse subito dopo la pubblicazione dell'articolo sull'*Illustrated London News* era significativo. Ma cosa conteneva la lettera? Una richiesta di denaro era un'ovvia spiegazione, ma questo non avrebbe provocato la reazione allarmata del destinatario e la reticenza a parlare. No, chiunque avesse scritto quelle lettere aveva incluso informazioni o espresso richieste che avevano suscitato in Strauss (sempre che questo fosse il suo vero nome) un forte turbamento.

Arrivato a questo punto, Holmes prese in considerazione le altre prove. Innanzitutto, l'improvviso arrivo e lo strano comportamento del calderaio francese. Vari dettagli gli apparvero degni di nota: la comparsa del personaggio era coincisa con i misteriosi e anticipati versi del cuculo; l'uomo si era trovato al Brickmaker's Arms la sera in cui la chiave della cameriera (ma non il denaro) era stata rubata; l'ambulante aveva lasciato il quartiere subito dopo l'assassinio di Strauss; sapendo parlare lo *Schweizerdeutsch*, era probabilmente svizzero, e non francese come affermava; non era né povero (portava un orologio con catena d'argento) né miope come sosteneva di essere. Holmes sapeva che tutti questi dettagli non dimostravano nulla, ma confermavano il fatto che l'uomo fosse un impostore, probabilmente legato in qualche modo alla morte di Strauss. Forse, era anche la stessa persona che gli aveva inviato le lettere dalla Svizzera.

Ora, Holmes si concentrò sullo scrittoio aperto e sul prototipo di orologio a cucú che era caduto nella vasca da bagno. Siccome Lilly non aveva mai visto un modello di quel tipo, era probabile che esso fosse stato portato in casa durante la sua assenza. Da chi? E perché? Forse, la risposta alla prima domanda era il falso calderaio. E forse, l'aveva fatto perché non era riuscito a trovare quello che cercava nello scrittoio.

Ricapitolando le deduzioni raccolte fino a quel momento, Holmes stabilí che l'intruso, probabilmente il calderaio, doveva aver rubato la chiave alla cameriera e, introdottosi in casa Strauss quando il proprietario era da solo, aveva gettato un vecchio orologio Sauber nella vasca da bagno, uccidendolo. Quindi aveva trovato la chiave dello scrittoio e cercato invano qualcosa che era convinto si trovasse lí.

Quando l'investigatore venne a sapere che il calderaio si era trasferito nel quartiere dov'era situata la fabbrica Sauber, trasse la logica conclusione che l'edificio sarebbe stato il suo prossimo bersaglio. La sua deduzione era corretta, e il calderaio fu colto sul fatto e arrestato.

L'uomo si dichiarò colpevole di effrazione, ma non di omicidio. A propria difesa, diede quella che giurò fosse la versione veritiera dell'accaduto.

Il suo nome era Wolfgang Sauber, e in Svizzera lui e suo fratello Gustav (che non era orfano, né il nome da nubile di sua madre era Sauber) avevano progettato un orologio a cucú elettrico ad alta precisione. Una volta risolti i problemi iniziali del meccanismo, quando l'orologio era ormai pronto per essere messo sul mercato, Gustav era sparito con tutta la documentazione, compresi i brevetti e i progetti dettagliati. Wolfgang non aveva idea di dove fosse andato né di cosa avesse fatto, finché per caso non aveva letto in biblioteca l'edizione dell'*Illustrated London News* con l'articolo sul successo della fabbrica di orologi di suo fratello.

Wolfgang capí immediatamente che Gustav si era trasferito in Inghilterra e, sotto il falso nome di Strauss, aveva avviato la produzione del marchingegno da solo. Siccome il brevetto era registrato sotto il nome di Sauber, era stato costretto a mantenerlo. Avendo scoperto com'era stato imbrogliato, Wolfgang tentò di reclamare la parte che gli spettava. Per prima cosa, scrisse delle lettere di minaccia al fratello. Non avendo ricevuto risposta, si recò a Birmingham e imitò il richiamo del cuculo fuori stagione per avvertire Gustav della sua presenza e spaventarlo, in modo da costringerlo ad accettare un accordo. Di fronte a un ennesimo rifiuto, attese l'occasione per un confronto.

Dopo aver spiato per qualche tempo i movimenti di casa Strauss, decise di colpire mentre Lilly e i bambini erano assenti e la cuoca aveva ricevuto due giorni liberi. Rubò la chiave di casa dalla borsetta della cameriera, prendendo anche una manciata di monete per farlo sembrare un furto convenzionale (impietosito, aveva lasciato al suo posto la banconota da dieci scellini).

Quel che accadde dopo rimane poco chiaro. A sentire Wolfgang, entrando in casa aveva trovato l'uomo d'affari nella vasca da bagno. Wolfgang aveva con sé il prototipo di orologio a cucú che i fratelli avevano progettato e costruito insieme. Era scoppiato un litigio. Mentre Gustav era ancora nella vasca da bagno, il furioso Wolfgang aveva collegato l'apparecchio alla corrente elettrica e l'aveva acceso, per dimostrare che il prototipo che avevano sviluppato insieme (ma che aveva fatto arricchire solo Gustav) funzionava alla perfezione. In qualche modo, nella foga del momento, l'orologio era scivolato nella vasca con conseguenze fatali.

Wolfgang si rese conto che la morte sarebbe stata ritenuta un incidente e aveva approfittato dell'occasione per aprire lo scrittoio del fratello, nella speranza di trovare documenti che dimostrassero che il progetto dell'orologio era in parte suo. Non trovando nulla, aveva immaginato correttamente che le carte si trovassero presso la fabbrica Strauss.

Per sua sfortuna, Sherlock Holmes era giunto alla stessa conclusione ed era lí ad aspettarlo.

Gli appunti di Watson non ci dicono se Wolfgang Sauber fu accusato di omicidio. Tuttavia, il dottore ci rivela che Lilly Phillips si consolò presto della perdita del compagno disonesto e si trasferí a Salcombe, nel Devon, dove visse felicemente, e legalmente sposata, come signora Bothwaite.

L'avventura del busto ateniese

Holmes e Watson iniziarono dal primo telegramma, quello che Bannon aveva inviato a Harper. Entrambi identificarono immediatamente l'ultima data: 1805, la battaglia di Trafalgar. Watson quindi azzardò che 1415 poteva rappresentare la battaglia di Azincourt, e quando Holmes aggiunse 1706, la battaglia di Ramillies, cominciarono a rendersi conto che probabilmente tutte le date corrispondevano a battaglie. Era proprio cosí.

Alcune date, come il 1805, erano difficili da interpretare poiché nello stesso anno c'erano state piú battaglie famose, ma provando diverse alternative riuscirono a decifrare rapidamente il codice:

15:25	Pavia
15:71	Lepanto
14:15	Azincourt
04:80	Termopili
17:08	Oudenaarde
18:15	New Orleans
16:42	Edgehill
17:99	Abukir
12:63	Largs
18:98	Omdurman
16:45	Naseby
16:50	Dunbar
17:06	Ramillies
03:78	Adrianopoli
18:82	Tell-el-Kebir
18:62	Richmond
02:60	Edessa
18:12	Salamanca
16:42	Edgehill
14:10	Tennenberg
18:05	Trafalgar

Il passo successivo fu semplice: mettendo insieme le iniziali di ciascuna battaglia, si leggeva:

PLATONEALONDRATRESETT

o

PLATONE A LONDRA TRE SETT

Seguendo lo stesso procedimento, Holmes decodificò la risposta di Harper:

17:04	Blenheim
12:65	Evesham
17:98	Nilo
18:07	Eylau
13:46	Crécy
12:17	Lincoln
04:89	Isonzo
18:00	Engen
17:00	Narva
18:09	Talavera
04:05	Egospotami
04:50	Salamina
14:29	Orléans
18:70	Digione
15:09	Diu
03:33	Isso
17:77	Saratoga
00:42	Filippi
17:99	Abukir
12:42	Taillebourg

17:97 Tarvisio

18:14 Orthez

Da cui ricavarono il messaggio:

BENECLIENTESODDISFATTO

o

BENE CLIENTE SODDISFATTO

Il complotto era ormai chiaro.

Quando un collezionista rivale aveva contattato John Harper offrendogli una lauta somma di denaro in cambio della sua assistenza nel procurargli il raro busto di Platone, il giovane fu molto tentato di dirgli di sí. Ne parlò con la sua innamorata, Philippa Bannon, e insieme decisero di accettare l'offerta. Era l'unico modo per procurarsi abbastanza denaro per potersi sposare e mettere su casa insieme. Nessuno dei due era ricco di famiglia e, come aveva notato la signora d'Arche, non sarebbero mai riusciti a sistemarsi con i loro miseri stipendi.

John Harper cominciò a organizzare la truffa quando incontrò l'archeologo. In cambio di una considerevole somma da parte del collezionista senza scrupoli (in aggiunta al prezzo che i coniugi d'Arche gli avrebbero già pagato), l'albanese acconsentí a consegnare il busto sul panfilo, per poi trafugarlo la notte stessa e inviarlo in Inghilterra a nome del signor Harper. Informato della data d'arrivo dal telegramma della signorina Bannon, Harper si sarebbe presentato al porto di Londra e, ritirata la cassa, l'avrebbe portata al suo committente. Probabilmente, il piano sarebbe andato a buon fine se quattro vigorosi agenti di polizia, avvertiti da un telegramma di Sherlock Holmes, non fossero stati ad attenderlo sulla banchina.

Il ruolo di Philippa Bannon fu duplice. Primo, comunicare a Harper attraverso un telegramma in codice la data d'arrivo a Londra della cassa rubata (il 3 settembre). Secondo, assicurarsi che non ci fosse nessuno in giro quando l'albanese e i suoi due assistenti (lo stesso trio che aveva consegnato la cassa) fossero saliti a bordo per rubarla, alle 3 del mattino seguente.

Grazie alle abbondanti libagioni durante il ricevimento, i coniugi d'Arche caddero in un sonno profondo. La signorina Bannon mise a tacere il maggiordomo, le cameriere, il capitano e l'equipaggio donando a ciascuno («vi prego, non ditelo a nessuno; è solo un piccolo ringraziamento da parte mia») copiose razioni del loro liquore preferito: whisky per il maggiordomo e il capitano, porto per le cameriere e rum per i marinai. I dolori di testa del mattino seguente non furono dovuti soltanto alle grida del signor d'Arche.

Quando Holmes bussò alla porta della cabina della signorina Bannon e le chiese in prestito i suoi libri di storia, la donna capí che il gioco era finito. Racimolò in fretta il poco denaro che possedeva e, mentre l'investigatore e il suo amico erano impegnati a decifrare il telegramma, sbarcò furtivamente e sparí. I coniugi d'Arche non fecero nulla per rintracciarla. Con Platone al sicuro sul suo piedistallo nella galleria d'onore, non avevano piú alcun interesse per Philippa Bannon.

Il mistero dei filatelisti scomparsi

Quando Watson chiese a Holmes cosa l'avesse spinto a sospettare del reverendo Woolfstein per l'omicidio dei tre collezionisti di francobolli, l'investigatore sorrise e disse che i tre uomini assassinati, al contrario di quanto pensavano le loro mogli e la proprietaria del Golden Swan, non erano appassionati di filatelia. Erano entusiasti membri della National Secular Society, un gruppo di liberi pensatori il cui scopo era eliminare tutte le religioni organizzate. Si erano finti membri di un'inesistente società filatelica di Newington per evitare di turbare le consorti e per non entrare in disaccordo con la proprietaria, fervente anglicana, della sala dove si riunivano (questa è anche la ragione per cui le loro mogli non avevano mai visto le collezioni di francobolli). Alle riunioni non avevano portato albi di francobolli, ma testi sulla libertà di pensiero, come il saggio *Donna: la sua gloria, la sua vergogna e il suo dio*, di «Saladino».

Questo spiega il motivo per cui i tre uomini avessero affrontato Woolfstein con tanta foga mentre predicava davanti al Golden Swan. I volantini che la proprietaria del pub li aveva visti distribuire erano quelli della National Secular Society, non della Newington Stamp Society. La aperta contestazione delle credenze fanatiche e dell'autorità di Woolfstein aveva spinto quest'ultimo a organizzare i loro assassinii. Ma i blasfemi dovevano perire in modo biblico.

Holmes ricordava che il quartier generale di Woolfstein si chiamava Tempio del Cristo Rivelato. Si rese conto dell'importanza dell'ultima parola quando sentí il predicatore apostrofare la donna che l'aveva criticato. La frase «Babilonia è caduta», ricordava, veniva dal Libro dell'Apocalisse, ovvero il Libro della Rivelazione come appariva nella Bibbia di re Giacomo. In seguito, l'uomo aveva esortato i suoi oppositori a «dar retta al Libro dell'Apocalisse».

Leggendo il testo, Holmes rifletté sulle date in cui i tre uomini erano spariti: Jack Durrant il 16 giugno – data che in America si indica al contrario (giugno 16, ovvero 6:16); Gregory Billings il 5 settembre (9:5) e John Coleman il 5 novembre (11:5). I loro corpi mutilati furono ritrovati l'8 novembre (11:8).

Dopo aver esaminato i corpi, Holmes confermò i propri sospetti verificando che il metodo con cui ogni uomo era stato ucciso corrispondeva al rispettivo capitolo e versetto del Libro dell'Apocalisse. Non fu deluso:

Apocalisse 6:16: «E dicevano ai monti e alle rupi, Cadete su di noi...» Jack Durrant era stato schiacciato a morte.

Apocalisse 9:5: «... e il loro tormento era come il tormento dello scorpione quando punge un uomo». Gregory Billings era morto a causa di punture multiple di scorpione.

Apocalisse 11:5: «... esce fuoco dalla loro bocca e divora i loro nemici; e chiunque voglia far loro del male, deve essere ucciso in questa maniera». John Coleman era morto carbonizzato.

Infine, Apocalisse 11:8: «I loro cadaveri giaceranno sulla piazza della grande città...» I corpi dei tre liberi pensatori erano stati macabramente ricomposti in Colombo Street.

Quando la polizia perquisí il Tytempio del Cristo Rivelato, scoprí una camera sotterranea segreta in cui Durrant, Billings e Coleman erano stati torturati fino alla morte. I pesi di ferro usati per il primo assassinio erano ancora lí, come le ceneri del rogo in cui era morto Coleman. La gabbia utilizzata per trasportare gli scorpioni che avevano punto Billings giaceva vuota in un angolo. Uno dei colpevoli confessò che, non essendo riusciti a ricacciare le creature nella gabbia dopo la morte dell'uomo, le avevano schiacciate con delle scope e gettate nel Tamigi.
Se avessero fatto lo stesso con i corpi degli uomini blasfemi che avevano massacrato, rifletté, forse sarebbero rimasti in libertà.
Ma Woolfstein l'aveva proibito categoricamente, dicendo che sarebbe stato contrario alla Sacra Bibbia, la parola rivelata di Dio.

Un caso di banane

Leggendo l'articolo sul *Daily Chronicle*, Holmes aveva gettato a terra il giornale, disgustato, dichiarando che il coroner era uno sciocco. Il referto, spiegò a Watson, gli appariva sospetto per due ragioni. Un ragno annidato in un casco di banane era già abbastanza raro; che due si trovassero nello stesso nascondiglio era assolutamente inverosimile.

Per confermare i suoi sospetti che si trattasse di omicidio, l'investigatore tirò giú dallo scaffale un volume dell'*Enciclopedia Britannica* e consultò la voce relativa ai ragni.

– Proprio come pensavo, – dichiarò trionfante. – L'unico ragno mortale delle Americhe è il ragno errante del Brasile del genere *Phoneutria*. Come indica il suo nome volgare, la creatura vive nell'America centrale e meridionale, non ai Caraibi. Dunque, mio caro Watson, c'è un'unica spiegazione per la presenza di due di queste orribili creature in un carico di banane arrivato dalla Giamaica. Qualcuno deve averle messe lí con intenti criminali.

Alla fine, si scoprí che quel «qualcuno» era George Gilbertson, il quale aveva agito con l'aiuto e la complicità di Dorothy Matteson. La coppia aveva l'amore, ma non i soldi. Non essendo disposti a vivere in ristrettezze, oltre che nel peccato, i due avevano progettato di sbarazzarsi del signor Matteson, dal quale Dorothy avrebbe ereditato centocinquantamila sterline, per godersi una vita di rispettabile lusso insieme.

E forse i loro sogni si sarebbero avverati, se Sherlock Holmes non si fosse imbattuto in quell'articolo sul *Daily Chronicle*.

Assassinio nella stanza 327

La vera storia dell'assassinio nella stanza 327, come rivelata da Sherlock Holmes, è la seguente.

Albert Higginbottom, un fabbricante di munizioni e armi di piccola taglia ricco e manesco, aveva sposato Agnes Walker nel luglio 1878. Lei aveva accettato la sua proposta di matrimonio contro le piú sincere raccomandazioni del caro fratello gemello Tom, poiché l'uomo aveva promesso di aiutare suo padre a risolvere le sue difficoltà finanziarie. Higginbottom si era rimangiato la promessa subito dopo le nozze.

L'avversione dei due gemelli verso Higginbottom, alimentata dalla crudeltà con cui egli trattava la moglie, giunse al culmine quando, durante una visita dal medico per confermare una sospetta gravidanza, la giovane donna aveva scoperto di non portare in grembo un bambino, bensí la sifilide. Quando aveva sollevato la questione con il marito, lui l'aveva aggredita con percosse violente in tutto il corpo, spezzandole due denti e rompendole un braccio.

Tom, che abitava temporaneamente nella stessa casa della sorella, non ci vide piú dalla rabbia. Prese una baionetta Higginbottom, un campione invenduto che il fabbricante d'armi teneva in casa, seguí il cognato a Londra e osservò il suo andirivieni dal Royal Staffordshire Hotel. Avendo notato che la prostituta Maggie Jones aveva una statura simile alla sua, escogitò il piano di sostituirsi a lei nell'incontro notturno con Higginbottom del giovedí e liberare l'amata sorella dal marito violento.

Se il caso fosse rimasto solo nelle mani dell'ispettore Grimes, probabilmente Maggie Jones sarebbe finita sulla forca. Per sua fortuna, Sherlock Holmes non era cosí facile da ingannare.

Il braccio di chi era stato ingessato? si chiese l'investigatore. Per chi Higginbottom aveva pagato il conto del medico a Sheffield? Era molto probabile che la paziente fosse sua moglie, fatto confermato anche dal telegramma del dottor Gumpert il quale, pur non rivelando molto, aveva ammesso di aver trattato «una signora». Se questa signora era davvero Agnes Higginbottom, come si era rotta il braccio? Una lite coniugale era certo una possibilità, soprattutto considerata la probabile reazione di una novella sposa alla notizia che il marito aveva la sifilide. La sgradevole situazione avrebbe spiegato anche i graffi sul corpo di Higginbottom, risalenti a qualche giorno prima della morte.

Holmes dedusse anche che uno scontro fisico tra il signore e la signora Higginbottom, a danno della parte piú debole, avrebbe spiegato il perché la donna non fosse in grado di recarsi a Londra. Per di piú, se non voleva attirare l'attenzione sulle proprie ferite (che le avrebbero dato un motivo per desiderare di sbarazzarsi del marito violento), avrebbe avuto bisogno di una scusa per non viaggiare. Per questo aveva inventato la storia, che il telegramma della polizia rivelò falsa, dell'incidente in carrozza.

Due dettagli della scena del delitto alimentarono i sospetti di Holmes. Perché Higginbottom avrebbe dovuto portare con sé un'obsoleta baionetta quando si trovava in viaggio d'affari per vendere munizioni? Forse l'arma del delitto era stata introdotta nella stanza dall'assassino. Questo avrebbe ristretto i sospetti su coloro che avevano facile accesso a una baionetta fuori produzione, e messo in cima alla lista la signora Higginbottom e suo fratello. Poi c'era la potenza del colpo mortale: davvero un colpo di tale forza poteva essere stato inferto solo da un uomo?

Continuando su questa linea di pensiero, Holmes si domandò perché, nel suo telegramma, Agnes avesse detto che Tom non poteva partire subito per Londra. C'era la possibilità che il fratello non fosse ancora *tornato* dalla capitale. E chi era il giovane personaggio che si era travestito da donna, per poi indossare di nuovo abiti maschili, nei gabinetti pubblici della stazione di St Pancras? Dalla descrizione che aveva ricevuto Holmes di un «tizio dall'aria effeminata», assomigliava molto al giovane che Holmes aveva visto nella foto di nozze. E se si trattava di lui, non spiegava forse il fatto che la «donna» che aveva fatto visita a Higginbottom la notte dell'assassinio non avesse rivolto la parola al portinaio?

Infine, forse la spiegazione della povera Maggie Jones sul motivo per cui giovedí notte non si era recata all'albergo non era cosí assurda. Se il «gentiluomo con lineamenti da bambino e accento del Nord» era chi Holmes pensava che fosse, era assolutamente plausibile che avesse pagato Maggie per non far visita al suo cliente quella notte.

Prese singolarmente, nessuna di queste domande avrebbe condotto Holmes in modo inequivocabile al colpevole. Ma mettendole insieme, quando ebbe risposto a ciascuna in modo logico e razionale, Holmes poté giungere a un'unica conclusione: Tom Walker, e non Maggie Jones, aveva assassinato Albert Higginbottom.

– Bah! – commentò Grimes quando la giuria ebbe giudicato Walker colpevole. – La vostra è stata solo la fortuna del principiante, amico!

Il dito del truffatore

Holmes capí quasi subito che le lettere, apparentemente casuali, erano una semplice scitala. Le trascrisse in una singola riga, ritagliò una lunga striscia di carta e, dopo aver armeggiato con gli spazi e le dimensioni delle lettere, avvolse la striscia intorno al manico di una mazza da golf di tipo «bulger» (oggi nota come «driver»), con la lettera R in cima. Tracciando lettere abbastanza piccole da ricavare cinque colonne verticali intorno alla circonferenza del manico, fu in grado di leggere il seguente messaggio:

RIENTROOSTAGGIOGIOCINQUEQUINDICIPMDOUG

ovvero

RIENTRO OSTAGGIO GIO CINQUE QUINDICI PM DOUG

Douglas («Doug») Telford aveva fornito ai rapitori informazioni sugli esatti movimenti di Vaultson. Uno di loro aveva conservato il suo messaggio in codice nella tasca della giacca insieme alla lettera di riscatto. Nella fretta di fuggire, aveva gettato entrambi nella carrozza.

Messo di fronte alla prova della sua colpevolezza, Douglas Telford spiegò che il rapimento era stato organizzato da un gruppo di disperati rovinati dalle speculazioni fraudolente di Vaultson. Avevano convinto Telford, il cui padre, come loro, era andato in bancarotta a causa del «Generatore di ricchezza universale», a farsi assumere come tutore a Fortune Towers e fornire loro informazioni sugli spostamenti del milionario.

La famiglia Vaultson acconsentí a tenere segreto il ruolo di Telford nella cospirazione se avesse rivelato i nomi dei membri della banda.

L'uomo accettò e questi furono comunicati alle forze dell'ordine. Seguí una serie di incursioni che portarono alla liberazione di Umbrigg Vaultson e all'arresto dei suoi rapitori.

Il giorno dopo il suo licenziamento dal posto di tutore, Telford ricevette una busta da Sherlock Holmes. Dentro c'era un assegno da 100 sterline accompagnato da un biglietto in cui l'investigatore si augurava che il regalo lo aiutasse in futuro a restare sulla retta via.

Il mistero dei capolavori scomparsi

Holmes sapeva che i dipinti rubati sarebbero stati immediatamente staccati dalle cornici. Dove potevano essere nascoste le tele? Il luogo piú semplice sarebbe stato dietro altri dipinti di simili dimensioni, ma si trattava di una soluzione troppo ovvia. Serviva un nascondiglio piú ingegnoso. Quale posto migliore se non all'interno di mobili antichi acquistati presso una casa d'aste londinese, soprattutto visto che in passato il conte aveva già esportato vari articoli del genere?

Per rendere l'operazione doppiamente sicura, il conte fece in modo di essere visto mentre comprava quei mobili in pubblico, a un'asta della Gibbins & Dang.

A tale scopo, aveva ideato uno stratagemma estremamente ingegnoso.

I ladri, che furono arrestati poco dopo la scoperta del complotto, confessarono di aver rubato i dipinti «su richiesta di uno sconosciuto gentiluomo straniero». Secondo le sue istruzioni, li avevano lasciati in un magazzino nell'East End di Londra. Subito dopo, le tele furono staccate dalle cornici e portate nel laboratorio di un maestro carpentiere giunto a Londra da Budapest in cerca di fortuna. Messo in soggezione dal nome del conte Végh e terrorizzato da velate minacce su cosa sarebbe accaduto alla sua famiglia in patria se si fosse rifiutato di collaborare, egli praticò delle cavità nelle intelaiature di quattro pezzi di mobilio antico giunti dalla dimora londinese del conte «per essere restaurati». Dopo aver inserito al loro interno i dipinti rubati, i mobili furono di nuovo assemblati. Il nome e l'indirizzo del venditore comunicati a Gibbins & Dang si rivelarono falsi.

Non appena Holmes venne a sapere che il conte aveva recentemente mandato dei mobili a riparare, capí che la sua ipotesi sul nascondiglio dei dipinti doveva essere corretta. Alla sala d'aste, individuò quattro articoli con elementi in legno massiccio abbastanza lunghi e spessi da poter contenere le tele scomparse: la piú grande nella *chaise longue*, la piú piccola nel tavolino e le altre due negli schienali delle sedie. L'osservazione con la lente d'ingrandimento confermò che i quattro articoli sospetti erano stati di recente manomessi. Inoltre, sollevando le due sedie, l'investigatore si accorse che erano decisamente piú leggere, seppure non di molto, di quelle la cui struttura era intatta.

La prova del nove fu l'asta stessa. Holmes sapeva che, se i dipinti rubati erano davvero nascosti nei mobili, il conte avrebbe dovuto acquistarli a qualunque prezzo. E la messinscena di Vincent de Béarn non fece che confermarlo. Come osservò correttamente il francese lasciando la sala d'aste, le sedie Luigi XV valevano davvero molto piú di quanto il conte le aveva pagate.

Il caso dell'uovo portagioie

Per prima cosa, Holmes scrisse le note suonate dal carillon di Smith in forma convenzionale, usando una chiave di violino e un pentagramma. Poi le trascrisse sotto forma di lettere:

ACECAFEFACECAGEFADEDEGGDABDEADBEEBEAD

Riconobbe immediatamente il seguente messaggio:

ACE CAFÉ (Caffè Asso)
FACE CAGE (di fronte alla gabbia)
FADED EGG (uovo sbiadito)
DAB DEAD BEE BEAD (premere la perla raffigurante l'ape morta)

Seguí le istruzioni... e il diamante fu puntualmente ritrovato!

Il mistero del sergente precipitato

Holmes sapeva che le accuse contro Garfield-Wolkes sarebbero state difficili da dimostrare in tribunale, dunque fece arrivare al decano, che sapeva essere un uomo di coscienza, il servizio per il *New England Telegraph* (un giornale fittizio) nella speranza che lo spingesse a confessare. In un certo senso l'articolo raggiunse il suo scopo, anche se non come avrebbe voluto l'investigatore. In seguito, Holmes confidò a Watson che aver infilato l'articolo sotto la porta di Garfield-Wolkes e non essere andato da lui di persona era uno dei pochi rimorsi della sua lunga carriera professionale.

Nell'accettare il caso, Holmes si impegnò a rispondere alle tre domande di Blean.

1. Come aveva fatto Melrose a entrare nella cattedrale? Visto che non aveva commesso effrazione, o aveva rubato una chiave oppure era stato fatto entrare da qualcuno che ne possedeva una. Siccome sulla sua persona non era stata trovata alcuna chiave, la seconda ipotesi era la piú verosimile.

   Una volta esclusi i due canonici e il sagrestano, restava solo Garfield-Wolkes. Il decano e Melrose avevano entrambi un passato nell'esercito. Inoltre, le ricerche di Holmes rivelarono che entrambi avevano combattuto nella terza guerra anglo-ashanti. C'era dunque la possibilità che i due si conoscessero.
2. Perché Melrose aveva indosso una cintura portasoldi vuota? L'unico motivo per cui la gente indossava simili indumenti era per trasportare di nascosto e in sicurezza grosse somme di denaro. O Melrose aveva introdotto del denaro nella cattedrale, o intendeva portarne via. In ogni caso, il decano doveva essere coinvolto.

   Holmes stabilí che le probabilità che un uomo relativamente povero portasse dei soldi a un uomo ricco erano piuttosto remote. Se al contrario Melrose si aspettava di ricevere un pagamento da Garfield-Wolkes, qual era la ragione? L'unica cosa che il sergente aveva da vendere era il silenzio. In altre parole, stava ricattando Garfield-Wolkes perché sapeva qualcosa che il decano voleva assolutamente tenere segreto.

Holmes scoprí che sia il *Times* sia il *Telegraph* avevano riportato la notizia di un sospetto massacro di civili ashanti da parte di uno o piú membri del reggimento reale del Galles. La successiva indagine non aveva consentito di individuare con prove concrete i responsabili, anche se rimasero forti sospetti. Melrose sapeva che Garfield-Wolkes aveva partecipato al massacro e lo stava ricattando per mantenere il silenzio? In tal caso, l'ultimo messaggio del sergente, *MASS*, non era di fede, ma di accusa: stava tentando di scrivere con il sangue la parola «massacro», non «messa». Questo spiegava lo strano scarabocchio dopo l'ultima S: Melrose non era morto tracciando un punto, ma mentre cercava di rivelare al mondo la verità sul decano.

3. Il motivo per cui Melrose era nel claristorio e non nella cripta era ormai chiaro: era andato in un ufficio nella torre per incontrare il decano. Il ladro non era dunque il sergente donnaiolo, bensí il fervente ecclesiastico: come aveva rivelato la moglie, l'uomo possedeva poco denaro proprio e aveva rubato l'argenteria della cattedrale per soddisfare le richieste sempre piú pressanti del suo ricattatore.

Holmes dedusse anche che Garfield-Wolkes era sceso alla stazione di London Bridge, e non a Victoria (capolinea ideale per chi dovesse recarsi a Lambeth Palace), perché era piú vicina al mercato dell'argento della città. In quei discreti uffici, sarebbe riuscito a ottenere un buon prezzo per gli oggetti rubati prima di recarsi dall'arcivescovo.

Durante l'incontro notturno nella torre, l'irascibile ecclesiastico alla fine aveva perso la pazienza. Fuori di sé per la rabbia e i sensi di colpa, aveva spinto il suo ricattatore oltre il basso parapetto, sul pavimento sottostante. Per far sembrare che Melrose fosse caduto mentre rubava l'argenteria della cattedrale, aveva gettato un calice vicino al corpo.

Questa, perlomeno, è la versione della storia che sarebbe stata presentata ai lettori del *New England Telegraph*. A giudicare dalla disperata reazione di Garfield-Wolkes, probabilmente era molto vicina alla verità.

Il mistero dei tre impiegati brilli

La convinzione di Elijah Petrel che Amir Asaduddin Khan avesse assassinato i suoi due amici era basata su mere supposizioni e ciechi pregiudizi. Holmes lo intuí immediatamente. Il modo di parlare raffinato rivelava che Khan era un uomo di cultura superiore il quale, a meno che non stesse mettendo in atto un sofisticato doppio bluff, non avrebbe mai potuto scrivere lo sgrammaticato biglietto trovato da Petrel sulla porta di casa. Né un devoto musulmano, come si evinceva dai suoi riferimenti ad Allah e al Profeta, avrebbe mai scritto un messaggio sull'etichetta di una bottiglia di birra.

Il vero autore della minaccia fu identificato dalla grafia, oltre che dalla presenza nella sua stanza di un mozzicone di matita blu e di tre bottiglie di birra prive dell'etichetta. Messo di fronte a queste prove, Blanket aveva confessato.

Holmes cominciò l'indagine chiedendosi perché un indiano desiderasse cosí ardentemente acquistare un anello a un'agenzia di pegni di Londra. La spiegazione piú verosimile era che il gioiello fosse stato rubato in India e che l'uomo stesse cercando di recuperarlo. Tale ipotesi si rivelò corretta.

Holmes scoprí che, due anni prima, un famoso anello di rubini e diamanti, detto «Luce del Rajasthan», era stato trafugato dal palazzo del principe Abdullah Abdelrahman. I servitori coinvolti nel furto confessarono di aver ricevuto del denaro da un anonimo soldato inglese. Fu condotta un'indagine e la caserma del Diciassettesimo fanteria, all'epoca di guarnigione nelle vicinanze del palazzo, venne perquisita a fondo. La Luce del Rajasthan non fu mai ritrovata e il Diciassettesimo fanteria fece ritorno in Inghilterra.

Nel frattempo, il principe Amir Asaduddin Khan, uomo di altissima casta educato a Harrow, si era perdutamente innamorato della principessa Noor, unica figlia del principe Abdullah. Dato che lei ricambiava i suoi sentimenti, i due avevano chiesto al padre della ragazza il permesso di sposarsi. Il principe aveva acconsentito a una condizione: Khan avrebbe dovuto recuperare la Luce del Rajasthan e donarla alla sua principessa.

Avendo fatto delle ricerche sul furto, Khan concluse che l'anello doveva trovarsi in Inghilterra e scrisse ai suoi amici inglesi chiedendo di tenere gli occhi aperti. Quando un vecchio compagno di scuola lo informò di aver visto quello che sembrava l'anello scomparso in un'agenzia di pegni di Londra, Khan salpò immediatamente per l'Inghilterra.

Come sappiamo, arrivò troppo tardi per acquistare il gioiello. Origliando la sua conversazione con il titolare dell'agenzia di pegni, Blanket capí quanto l'indiano tenesse all'anello e decise di venderglielo a un prezzo altissimo. Ma prima doveva recuperarlo dai tre impiegati...

Dopo l'arresto di Blanket, Elijah Petrel restituí cortesemente l'agognato anello a Khan. In segno di gratitudine, l'indiano donò all'impiegato centocinquanta sterline in oro e lo invitò a proprie spese a quello che si rivelò uno dei matrimoni piú sontuosi che l'India avesse mai visto.

L'avventura del vecchio Dodson

Dodson aveva commesso il piú semplice degli errori dando per scontato che «colazione alle 6:30» significasse le 6:30

del mattino. In realtà, dopo aver passato la notte con la signorina Hogarth e averla uccisa per non essere ricattato da lei, Cannizzaro era tornato nel suo appartamento di Mayfair a riposare. Uscendo nel tardo pomeriggio, era andato al Royal Buckingham Hotel e aveva ordinato la colazione, spiegando a Delius Graftule, un cameriere che lo conosceva bene, di essersi appena svegliato. Graftule lo serví puntualmente e, avendo ricevuto la consueta lauta mancia, gli forní una ricevuta su esplicita richiesta del cliente. In seguito, Graftule ammise che Cannizzaro gliel'aveva dettata parola per parola e quando il cameriere si era offerto di aggiungere «di sera» dopo le «6:30», gli aveva detto che non era necessario.

Dodson e Holmes scoprirono tutto questo nel giro di cinque minuti dopo il loro arrivo al Royal Buckingham. Erano ancora in tempo per raggiungere Victoria Station, dove l'investigatore, con l'aiuto di due robusti poliziotti, arrestò Octavius Cannizzaro, senza fissa dimora, con l'accusa di aver ucciso la signorina Fanny Hogarth di Blackheath alle 6:30 di quella mattina. Il contenuto del portagioie della vittima fu ritrovato nella valigia di Cannizzaro.

Non contento di averle tolto la vita, notò Watson, il crudele furfante si era ripreso tutti i preziosi gingilli che le aveva regalato.

L'avventura del progettista disonesto

La spiegazione di come Holmes riuscí a decifrare il codice del progettista è preceduta da una nota piuttosto toccante. «Questo è uno dei pochi casi» scrive Watson, «in cui, seppur inavvertitamente, ho giocato un ruolo importante nell'aiutare il mio amico a portare le sue riflessioni verso una conclusione soddisfacente».

Non appena Holmes ebbe davanti a sé i numeri e le iniziali delle posizioni dei giocatori di una squadra di rugby, il messaggio in codice emerse davanti ai suoi occhi «come un paesaggio all'alba»:

LASCIA INFORMAZIONI ARMAMENTI TONNELLAGGIO VELOCITÀ EUSTON
DEP BAGAGLI SAB SEI TRENTA NOME SCHMIDT

Quando Herr Schmidt si presentò alla stazione di Euston alle 6:30 di quella sera chiedendo di ritirare una piccola valigia lasciata a suo nome, trovò ad aspettarlo la polizia. Essendo un uomo di pochi scrupoli morali, rivelò subito il nome del suo agente sul campo: Augustus Gedge. Rivelò anche che aveva chiesto a Gedge di fornirgli un codice segreto per le loro comunicazioni. Il progettista aveva ideato il particolare codice basato sul rugby con cui era scritto il messaggio del corrispondente. Schmidt confessò che, sebbene per lui quella bizzarra terminologia di piloni e tallonatori non avesse alcun senso, ben presto vi si era abituato e credeva all'affermazione di Gedge che fosse «indecifrabile»... e tale probabilmente sarebbe rimasto se non fosse stato per le straordinarie capacità di Sherlock Holmes.

Schmidt e Gedge furono puntualmente arrestati e la legge sullo spionaggio e il tradimento seguí il suo rigido corso. All'inizio dell'anno successivo, il varo della nave di sua maestà *Dreadnought*, una nuova e rivoluzionaria corazzata da guerra, diede alla Gran Bretagna un prezioso vantaggio sulla Germania nella corsa agli armamenti navali precedente alla prima guerra mondiale.

Ma come aveva fatto Holmes a decifrare il codice?

Aveva già numerose esperienze di codici che sostituivano i numeri con lettere dell'alfabeto, o viceversa: 1 = A, 2 = B ecc. Ecco l'intera trasposizione:

1 = A	10 = J	19 = S
2 = B	11 = K	20 = T
3 = C	12 = L	21 = U
4 = D	13 = M	22 = V
5 = E	14 = N	23 = W
6 = F	15 = O	24 = X
7 = G	16 = P	25 = Y
8 = H	17 = Q	26 = Z
9 = I	18 = R	

Il codice di Gedge comportava una doppia sostituzione. Invece di sostituire la A semplicemente con il numero 1, essa veniva sostituita con le iniziali della posizione sul campo di rugby del giocatore con la maglia numero 1, in altre parole il Pilone Sinistro (PS); la B, che corrispondeva alla maglia del giocatore numero 2, era sostituita da Tallonatore (T).

Le lettere successive alla O (numero 15) erano combinazioni di due posizioni. Per esempio, la W (23) era formata dalla combinazione di Tallonatore (numero 2) e Pilone Sinistro (numero 3), ottenendo TPS.

Una volta compreso il principio alla base del codice, Holmes doveva ancora individuare gli spazi tra le lettere e le parole.

Per esempio:	CI /	PS /	PSMDM /	PD /	MDM /	PS
	L	A	S	C	I	A

Spiegato cosí, sembra relativamente semplice. Ma, come Holmes ammise con il suo amico alcuni mesi piú tardi, «in quell'occasione, mio caro Watson, devo ammettere che la soluzione non fu nient'affatto elementare».

L'avventura del nipote eccentrico

Quando furono interrogati riguardo all'argenteria georgiana, tutti i dipendenti tranne uno capirono che Holmes stava parlando di oggetti risalenti al regno di uno dei quattro re britannici di nome Giorgio. L'unica eccezione fu Gregor de Villiers, che fece riferimento all'argento dello stato americano della Georgia. Holmes si ricordò subito che, secondo quanto riportato dalla polizia, Charlie Peters, il famigerato ladro americano, era salpato qualche tempo prima per la Gran Bretagna, ed escogitò una seconda trappola linguistica per confermare i propri sospetti.

Nei panni dell'eccentrico Horatius Knebb, Holmes rubò sei piccoli oggetti appartenenti a Sir Cecil e Lady Mount. Quindi prese in disparte i domestici, uno alla volta, e li invitò a partecipare a un piccolo gioco: quella notte, mentre tutti dormivano, avrebbero dovuto portare l'oggetto che Knebb stava per consegnare loro e nasconderlo in un baule nella stalla. Si trattava di una missione segreta, di cui non dovevano far parola con nessuno, nemmeno con i colleghi. Tutti acconsentirono.

I cinque servitori inglesi nascosero i rispettivi oggetti nel baule da marinaio (detto *trunk* in inglese britannico) in fondo al garage. Peters invece nascose i corsetti nel portabagagli dell'automobile, che in inglese americano si chiama «baule» (*trunk*). L'azione confermò la sua identità americana (non sudafricana, come aveva affermato). Dopodiché, il caso fu rapidamente risolto.

Come osservò Holmes in seguito, «nonostante la confusione che causano, a volte le differenze linguistiche tra Gran Bretagna e Stati Uniti d'America hanno la loro utilità».

Il caso della signora accigliata

Dopo che la signora Latchcombe ebbe lasciato l'appartamento di Holmes, ancora accigliata, Watson espresse la propria costernazione di fronte alla mancanza di cavalleria dell'amico verso una donna in ambasce. L'investigatore gli assicurò che sarebbe stato il primo a soccorrere chiunque si fosse trovato in genuine difficoltà, ma che a suo parere non c'era nulla di genuino nella sedicente «signora Latchcombe».

Watson gli chiese di spiegarsi.

Innanzitutto, come lo stesso Watson aveva dedotto subito dopo averla incontrata, la donna aveva quell'espressione perennemente accigliata perché era affetta da una grave forma di miopia ed era troppo vanitosa per indossare gli occhiali in pubblico. Questo spiegava perché al suo ingresso avesse scambiato Watson per Holmes e perché dovesse cercare la sedia a tastoni prima di sedersi.

Una volta accertata la sua miopia, la storia della rapina non stava piú in piedi. Nonostante fosse uscita dal bagno con i capelli sulla faccia, e chiaramente senza occhiali, affermava di aver identificato il ladro da piú di dieci metri di distanza, in fondo al salotto. Poco piú tardi, era perfino riuscita a distinguere il suo pugno stretto intorno a una collana di perle da una distanza ancor piú grande.

Queste falsità rimisero in discussione il resto del suo racconto. Forse aveva davvero conosciuto e sposato un luogotenente Latchcombe in licenza dall'India, ma il loro rapporto aveva davvero portato al concepimento di un bambino, oppure il «giovane Albert» non era altro che un'invenzione per convincere il luogotenente a tornare da lei? Era strano che, recandosi da un investigatore per presentare il proprio caso, non avesse portato con sé una fotografia del figlio. Per di piú, quale convitto rispettabile ospitava gli alunni all'inizio di agosto? No, concluse Holmes, era impossibile stabilire se e quale dei fatti riferiti dalla triste e sola signora fosse vero. Forse, aveva sentito che Latchcombe (di ritorno dall'India o no) si trovava nelle vicinanze e aveva inventato la storia del furto nel disperato tentativo di convincerlo con il ricatto a tornare da lei. Ovviamente, non era andata alla polizia. Il piú sprovveduto degli agenti avrebbe smascherato le sue menzogne dopo una breve indagine. Perché avesse pensato che Sherlock Holmes le avrebbe creduto, solo Dio lo sa. L'investigatore ne intuí la falsità senza nemmeno bisogno di alzarsi dalla poltrona.

Un caso di ignoranza

Molti anni dopo, quando Watson invitò Holmes a casa sua per un brandy e quattro chiacchiere sui vecchi tempi, l'investigatore si ricordò di Minnie Dean e della strana conversazione che aveva udito tra lei ed Ernest Pottinger. La ripeté parola per parola a Watson, chiedendogli cosa ne pensasse.

– Mio caro Holmes! – esclamò l'amico. – Come avete potuto non accorgervene? Quella sventurata aveva praticamente confessato la propria colpevolezza... e alla vostra portata d'orecchio!

Quando Holmes gli chiese cosa diavolo intendesse dire, Watson allungò una mano, tirò giú la sua copia di *Tess dei d'Uberville* di Thomas Hardy e la porse all'amico. Dopo aver riassunto brevemente la trama*, chiese: – Forse ormai è troppo tardi per andare alla polizia, vero, Holmes?

L'investigatore annuí. – Inoltre, Watson, lei avrà anche spinto quel farabutto in fondo alla cava, ma lui aveva proprio spinto la sua pazienza oltre il limite, non trovate?

Il caso del segreto del chirurgo

Nello spiegare il proprio ragionamento, Holmes rimproverò bonariamente Lord Frogmore per due ragioni. Primo, per non aver conosciuto meglio la famiglia Axelson prima di chiedere la mano di Agnes. Secondo, per avere dei preconcetti cosí antiquati. Nel ventesimo secolo, sottolineò, il mestiere del chirurgo non era piú limitato agli uomini,

* Tess, la protagonista, viene impiccata per aver assassinato l'uomo che aveva approfittato di lei per tutta la vita. Viene arrestata a Stonehenge, da cui l'espressione di Ernest «momento Stonehenge». L'amante di Tess è Angel Clare, motivo per cui Minnie chiama il suo innamorato «mio angelo». L'essere «piú intrepida» di Tess è un gioco di parole sul cognome dell'autore, Hardy (che in inglese significa *audace*, *intrepido*).

in particolare negli Stati Uniti. La menzione del nome «Axelson» gli aveva fatto venire in mente un articolo che aveva letto sull'argomento: la signora Henrietta Axelson faceva parte di un gruppo esiguo, ma importante, di donne chirurgo che si erano laureate al New York Medical College negli ultimi anni del diciannovesimo secolo. In altre parole, Agnes Axelson era stata operata da sua madre.

Dunque, sottolineò Holmes con un sorriso, era naturale che la giovane avrebbe sempre amato con tutto il cuore il suo chirurgo, anche dopo le nozze con il suo parimenti caro Edward.

L'avventura della banda di Archway

La polizia commise l'errore di considerare le annotazioni sul taccuino (com'era nelle intenzioni di Yendle) dei semplici numeri telefonici. In altre parole, avevano tentato di collegare PADDINGTON con il numero 887, e cosí via.

Holmes evitò l'ovvio e preferí concentrarsi sul titolo, «Accordo». Ben presto, comprese di trovarsi davanti a una specie di contratto tra criminali, in cui si concordava come dividere i proventi delle rapine tra la banda. Le percentuali sotto ogni colonna indicavano che ciascun membro avrebbe ricevuto un trattamento diverso. Se un nome si nascondeva nella lista dei centralini telefonici, e un altro nella lista dei numeri, allora le cifre sottostanti (30% e 15%) dovevano rappresentare il modo in cui il bottino sarebbe stato diviso. Per deduzione, la quota piú sostanziosa (55%) sarebbe andata al capo della banda, Yendle.

La colonna dei centralini fu facile da decifrare. Le iniziali formavano il nome HAMPDEN. Jimmy Hampden, un vecchio collega di Yendle che la polizia erroneamente riteneva fuggito in Australia, fu trovato nascosto in una cantina a Hackney. Non avendo mai ricevuto un'educazione, probabilmente credeva che il semplice stratagemma di Yendle sarebbe stato sufficiente a tenere celata la sua identità.

Il nome nascosto nella colonna dei numeri fu piú difficile da scoprire. Holmes notò che le somme delle cifre erano: 19, 20, 5, 23, 1, 18 e 20. Come nell'«Avventura del progettista disonesto», l'investigatore identificò presto i numeri come corrispondenti alle lettere dell'alfabeto sulla base A = 1, B = 2 eccetera. Ne risultò un anagramma facile da risolvere: 23 = W, 19 = S, 20 = T, 5 = E, 20 = T, 18 = R, 1 = A. STEWART Una volta emerso il nome, la polizia poté intervenire.

Charles Murray Stewart era un ex allievo di Eton che aveva fornito alla banda armi da fuoco fatte entrare illegalmente nel paese dall'Irlanda. Da uomo colto qual era, aveva insistito che nel contratto improvvisato il suo nome fosse celato con uno stratagemma piú ingegnoso di un semplice anagramma. Sarà anche stato ingegnoso, ma non abbastanza da ingannare Sherlock Holmes. Stewart annegò quando il suo yacht, inseguito da una motolancia della polizia, si schiantò contro gli scogli vicino al faro di Needles.

Ringraziamenti

Sono immensamente grato a Ellie Ross, Lucy Ross, Louise Dixon e al mio editor, George Maudsley, per il prezioso aiuto e i consigli per il manoscritto.

Finito di stampare nel mese di luglio 2019
per conto delle Edizioni EL
presso Puntoweb Srl, Ariccia (Roma)